BEI GRIN MACHT SICH IHR WISSEN BEZAHLT

AF131155

- Wir veröffentlichen Ihre Hausarbeit,
  Bachelor- und Masterarbeit

- Ihr eigenes eBook und Buch -
  weltweit in allen wichtigen Shops

- Verdienen Sie an jedem Verkauf

Jetzt bei www.GRIN.com hochladen
und kostenlos publizieren

Bibliografische Information der Deutschen Nationalbibliothek:

Die Deutsche Bibliothek verzeichnet diese Publikation in der Deutschen National-
bibliografie; detaillierte bibliografische Daten sind im Internet über http://dnb.d-
nb.de/ abrufbar.

Impressum:

Copyright © 2014 GRIN Verlag, Open Publishing GmbH
Druck und Bindung: Books on Demand GmbH, Norderstedt Germany
ISBN: 9783668337756

Dieses Buch bei GRIN:

http://www.grin.com/de/e-book/343698/koenig-konrad-iii-und-der-zweite-kreuzzug

Johannes Schrittesser

König Konrad III. und der Zweite Kreuzzug

GRIN Verlag

GRIN - Your knowledge has value

Der GRIN Verlag publiziert seit 1998 wissenschaftliche Arbeiten von Studenten, Hochschullehrern und anderen Akademikern als eBook und gedrucktes Buch. Die Verlagswebsite www.grin.com ist die ideale Plattform zur Veröffentlichung von Hausarbeiten, Abschlussarbeiten, wissenschaftlichen Aufsätzen, Dissertationen und Fachbüchern.

Besuchen Sie uns im Internet:

http://www.grin.com/

http://www.facebook.com/grincom

http://www.twitter.com/grin_com

Wintersemester 2013/14
Graduierungskolleg

König Konrad III.
und der Zweite Kreuzzug

BAK-ARBEIT

eingereicht von
Johannes Schrittesser

Institut für Geschichte
an der Universität Klagenfurt

Klagenfurt, am 09.11.2016

Inhaltsverzeichnis

Einleitung

In dieser Arbeit geht es vor allem darum das bemerkenswerte Leben König Konrads III. nachzuzeichnen und insbesondere seine Rolle beim Zweiten Kreuzzug näher zu beleuchten. Konrad gelang es als erstem Staufer die römisch-deutsche Königswürde zu erringen, außerdem war er der erste dieser Könige, der an einem Kreuzzug ins Heilige Land teilnahm. Der Staufer Konrad hatte durch seine Mutter Agnes eine familiäre Verbindung zu den salischen Königen und Kaisern. Der letzte von ihnen, Kaiser Heinrich V., war Konrads Onkel, der vor allem den Werdegang des jungen Konrads mitbestimmte. Obwohl Konrad später zum König gewählt wurde versuchte er deutlich zu machen, dass ihm das römisch-deutsche Königtum vor allem aufgrund seiner Abstammung von den Saliern zustünde.

Innerhalb der ersten Kapitel meiner Arbeit gilt es zunächst Konrads Leben von seiner Geburt bis zum Fall der Stadt Edessa näher nachzuvollziehen. Die Rückeroberung Edessas durch die Muslime stellte den „Auslöser" für die Verkündigung des Zweiten Kreuzzuges dar. In diesen ersten Abschnitten sollen beispielsweise die Ereignisse der Königswahlen von 1125 und 1138 abgehandelt werden und danach die ersten Jahre der Königsherrschaft König Konrads III. Gerade diese beiden Wahlen sind wegen ihres Ausganges besonders interessant, da sich jeweils nicht der Favorit, sondern ein „Außenseiter" durchsetzen konnte. Der Textabschnitt über die ersten Jahre der Herrschaft König Konrads III. soll anfangs einen Überblick über den Konflikt Konrads mit Herzog Heinrich dem Stolzen geben, der bis zu seinem frühen Tod ein äußerst hartnäckiger Gegner des Stauferkönigs gewesen ist. Danach möchte ich auf einzelne Unternehmungen eingehen, die Konrad außerhalb des heutigen deutschen Gebietes zu erledigen hatte und versuchen allgemeine Entwicklungstendenzen seiner frühen Königsherrschaft näher zu beleuchten.

Darauffolgend sollen die Geschehnisse des Zweiten Kreuzzuges näher untersucht werden. Zuerst müssen dabei die Rollen von Papst Eugen III. und Bernhards von Clairvaux überprüft werden. Diesen Kirchenmännern sollen innerhalb meines Textes eigene Kapitel gewidmet werden. Eugen fiel als Papst die Aufgabe zu sich für oder gegen einen Kreuzzug zu entscheiden. Papst Eugen III. wiederum beauftragte Bernhard von Clairvaux die maßgeblichen Predigten zu halten, um genügend Teilnehmer zum Kreuzzug aufzurufen, außerdem beeinflussten beide Personen das Leben König Konrads III., des Hauptprotagonisten der vorliegenden Arbeit. Im Anschluss an die Kapitel über Eugen und Bernhard soll sich der Text dementsprechend zum allergrößten Teil damit beschäftigen wie der Kreuzzug für Konrad verlaufen ist. Die Unternehmung des Kreuzzuges gestaltete sich für Konrad und sein Heer nur in den ersten Wochen der Reise problemlos. Bereits auf europäischem Boden kam es zu Konflikten mit Einwohnern und Soldaten des byzantinischen Reiches, da sich die Byzantiner Übergriffen durch das Kreuzfahrerheer in Form von Plünderungen, Vergewaltigungen und Mord ausgesetzt sahen. Bedeutend schwieriger gestaltete sich jedoch die Weiterreise der Kreuzfahrer nach der Übersetzung nach Kleinasien. Konrad und seine Soldaten wurden sowohl durch die ständigen Angriffe der Seldschuken hart getroffen und auch durch die unzureichende Versorgungslage mit Wasser und Vorräten bedeutend geschwächt. Vor allem der Unterstützung des byzantinischen Kaisers Manuels I. war es zu verdanken, dass Konrad in weiterer Folge das Heilige Land erreichen und die militärische Unternehmung des Kreuzzuges fortsetzen konnte.

Besonders interessant ist die Tatsache, dass die Rückeroberung Edessas als zunächst favorisiertes Kreuzzugsziel schon bald nach Konrads Ankunft im Heiligen Land verworfen wurde und stattdessen die in der Vergangenheit häufig mit Jerusalem verbündete Stadt Damaskus erobert werden sollte. In diesem Zusammenhang ist es erwähnenswert, dass sich selbst die gegenwärtige Fachliteratur uneinig darüber ist, ob Damaskus als Kreuzzugsziel als „törichter" Entschluss zu bewerten ist oder ob aufgrund der veränderten Situation im Heiligen Land diese Zielsetzung die logischste für die Kreuzfahrer gewesen ist. Wichtig ist es nicht nur die folgenden Kämpfe um Damaskus zu beschreiben und diese Geschehnisse zusammenfassend darzustellen, sondern es soll auch der Versuch unternommen werden mögliche Gründe für den gescheiterten Kriegszug gegen Damaskus zu erörtern. Dabei soll deutlich gemacht werden, dass mannigfaltige Gründe mitverantwortlich waren, warum die militärische Unternehmung des Zweiten Kreuzzuges letzten Endes gescheitert ist, wobei sowohl bei den morgenländischen wie auch bei den abendländischen Kreuzzugteilnehmern eine Mitverantwortung zu suchen sein wird. Neben der Suche nach den möglichen Gründen für die gescheiterte Kreuzzugsunternehmung sollen innerhalb dieses Kapitels auch gewisse Folgewirkungen überdacht werden, die sich in der Folgezeit des gescheiterten Zweiten Kreuzzuges ergeben haben.

Zum Abschluss meiner Arbeit möchte ich versuchen die letzten Lebensjahre des vom Kreuzzug heimgekehrten König Konrads III. nachzuvollziehen. Näher eingehen möchte ich dabei auf die für Konrad letzten Endes wohl tödliche Malariaerkrankung, an der er während seines Kreuzzuges erkrankt sein dürfte. Ebenfalls möchte ich ein kurzes Resümee über seine Königsherrschaft ziehen, das auch die Rahmenbedingungen für Konrads Herrschaft berücksichtigen soll. Am Ende sollen dann die Erkenntnisse und Ergebnisse des vorliegenden Textes in einer informativen Zusammenfassung aufbereitet werden.

1. Das Leben König Konrads III. bis zur Eroberung Edessas durch die Muslime 1144

1.1. Konrads Leben bis zum Beginn seines Gegenkönigtums

König Konrad III. wurde im Jahr 1093 als Sohn Herzog Friedrichs I. von Schwaben und Agnes, der Tochter Kaiser Heinrichs IV., geboren. Er trug einen salischen Leitnamen, da er wohl nach dem Kaiser Konrad II. benannt wurde.[1] Als sein Vater im Jahr 1105 verstarb übernahm sein Onkel, Heinrich V., die Vormundschaft über den Knaben Konrad und vielleicht auch über seinen älteren Bruder Friedrich. Konrads Mutter Agnes wurde auf Betreiben seines Onkels mit dem Markgrafen Leopold III. von Österreich verheiratet. Dieser Eheverbindung entstammt der berühmte Chronist Otto von Freising, Konrads Halbbruder.[2]

Wann genau die Teilung des väterlichen Besitzes zwischen den beiden Brüdern erfolgte ist nicht genau überliefert. Konrad erhielt im Wesentlichen Besitzungen in Ostfranken sowie kleinere Besitztümer in Schwaben.[3] Die beiden Brüder Konrad und Friedrich zeichneten sich in der Folge als treue Gefolgsleute Heinrichs V. aus. Sie gelten neben Gottfried II. von Calw als fast die einzigen Parteigänger des Saliers, die ihm immer treu zur Seite stehen sollten, was aber nicht bedeuten soll, dass sie neben seinen nicht auch ihre Interessen verfolgten. Es ist sehr naheliegend anzunehmen, dass Heinrich V. durchaus darauf aus war seinen beiden Neffen eine steile politische Karriere zu ermöglichen, dass dieser letztlich kinderlos blieb eröffnete ihnen letztlich aber nicht vorhergesehene Möglichkeiten. Während des zweiten Italienzuges von Heinrich vertraute er die Obsorge für das Reich den zuvor genannten Friedrich, Konrad und Gottfried an.[4]

---

[1] Goez, Lebensbilder aus dem Mittelalter, S. 272.
[2] Schwarzmaier, Die Welt der Staufer, S. 40-43.
[3] Niederkorn, Regesta Imperii, S. 4.
[4] Schneidmüller, 1125 – Unruhe als politische Kraft im mittelalterlichen Reich, S. 38.

In den Urkunden wird Konrad während seinen jungen Jahren eher selten erwähnt. Zusammen mit seinem Bruder wird er beispielsweise in einer Urkunde des Würzburger Bischofs genannt. Recht früh erhielt Konrad Reichslehen von seinem Onkel Heinrich im Gebiet um Hall und im Kochergau.[5] Konrad eignete sich die Grafenrechte um Rothenburg und im Kochergau an, obwohl Rothenburg und die Neuenburg vom letzten Grafen der Abtei Kornburg testamentarisch wahrscheinlich schon anders vergeben worden waren.[6]

Der junge Staufer führte anscheinend den Titel eines „Herzogs von Franken", wobei anzumerken ist, dass es dieses Amt realiter eigentlich gar nicht mehr gegeben hat. Dieser Titel bringt aber die machtvolle Stellung Konrads in diesem Gebiet zum Ausdruck. Bereits Konrad arbeitete daran Franken, das Land am Main und bis nach Nürnberg, zu einer festen Größe zu machen, auch für den königlichen Machtbereich. Von seinen Besitzungen aus war der jüngere Konrad dem „Stammsitz" Hohenstaufen näher als sein Bruder Friedrich. Später soll Konrad zwischenzeitlich daran gedacht haben am Fuß des Hohenstaufens, im Kloster Lorch, seine letzte Ruhestätte einzunehmen. Dies beweist doch eine gewisse Verbundenheit mit diesem Ort.[7]

Für das Jahr 1122 ist eine Aktion der Stauferbrüder entgegen den Interessen ihres Oheims Heinrichs V. belegt. Sie unterstützen die Wahl des Domherrn Rugger zum Bischof von Würzburg. Heinrichs Kandidat wäre Gebhard von Henneberg gewesen.[8]

Als Kaiser Heinrich V. am 23. Mai 1125 in Utrecht starb deutete vieles daraufhin, dass Konrads Bruder Friedrich König werden könnte, doch es kam anders. Gewählt wurde im August 1125 Herzog Lothar von Sachsen. Eine Überlegung warum Friedrich die Wahl verloren haben könnte geht dahin, dass er sich angeblich im Vorfeld geweigert haben soll im Falle einer Wahlniederlage einem anderen siegreichen Kandidaten zu huldigen. Trotz dieser angeblich fehlenden Demutsgeste im Vorfeld der Wahl huldigte Herzog Friedrich dem Gewinner, der nun König Lothar III. geworden war. Eine weitere Theorie die Friedrichs Niederlage erklären könnte steht in Zusammenhang mit seinem Schwiegervater Herzog Heinrich dem Schwarzen von Bayern. Obwohl dieser im Vorfeld der Wahl noch als sicherer Unterstützer Friedrichs gegolten hatte liegt auf Grund der später folgenden Ereignisse der Verdacht nahe, dass er in Lothars Lager gewechselt haben könnte.

[5] Schwarzmaier, Die Welt der Staufer, S. 50-51.
[6] Engels, Die Staufer, S. 22.
[7] Schwarzmaier, Die Welt der Staufer, S. 52.
[8] Niederkorn, Regesta Imperii, S. 8.

In der Folgezeit heiratete nämlich Heinrichs Sohn, Heinrich der Stolze, die Tochter Lothars, Gertrud, und da Lothar keine Söhne hatte, wollte dieser sich für seinen Schwiegersohn als Nachfolger starkmachen. Ein ernsthaftes Problem sollte in weiterer Folge zum offenen Krieg zwischen Lothar und den Stauferbrüdern führen: Die Scheidung zwischen dem Reichsgut, das die salischen Könige genutzt und innegehabt hatten, und dem Hausgut der Salier, das Heinrich V. testamentarisch Friedrich vermacht hatte.[9]

Ferdinand Geldner wirft in einem Aufsatz eine weitere interessante Theorie auf: War Friedrich überhaupt jemals der gewünschte Königskandidat des verstorbenen Heinrichs V. und der salischen Anhängerschaft? Laut dieser These wäre Konrad der vorgesehene Kandidat für die Königswahl gewesen, den sich demnach sowohl Heinrich V. (kurz vor seinem Ableben) wie auch seine Witwe Mathilde gewünscht hätten, da Konrad ein geeigneter Heiratskandidat für die verwitwete Kaiserin gewesen wäre. Doch ein Umstand verhinderte diesen etwaigen Plan: Konrad befand sich zur Zeit der Königswahl nicht im Reich, sondern in Palästina und konnte so aufgrund seiner Abwesenheit auf die Ereignisse keinen Einfluss nehmen.[10] Im Zusammenhang mit dieser Überlegung wurde von einigen Fachleuten ebenfalls diskutiert, dass Konrad die Ehe mit Gertrud von Sulzbach erst deshalb so spät eingegangen haben könnte, weil er mehrere Jahre wohl erfolglos versucht hat die Kaiserinwitwe Mathilde als Ehefrau zu gewinnen. Jedenfalls wurden Konrads Kinder mit Gertrud erst sehr spät in seinem Leben geboren, was in Kombination mit dem Todesfall des ältesten Sohnes letztlich eine direkte Nachfolge durch seine eigenen Kinder verhindern sollte.

Den Plänen von Konrads Bruder Friedrich nach sollte die Erbmasse der Hinterlassenschaft Heinrichs V. so aufgeteilt werden, dass Friedrich v.a. die Güter links des Rheins und Konrad die rechts davon erhalten sollte.[11]

1.2. Die weiteren Ereignisse bis zum Tod Kaiser Lothars III.

Im Juli 1127 zogen die Stauferbrüder mit ihren Soldaten nach Nürnberg, wo sie Lothar zwangen die Belagerung der Stadt aufzugeben. Im Anschluss plünderten sie das zurückgelassene Lager König Lothars III.[12]

Im Dezember wurde der bisher weniger hervorgetretene Konrad von bayerischen,

---

[9] Schwarzmaier, Die Welt der Staufer, S. 55-57.
[10] Geldner, Kaiserin Mathilde, S. 14-15.
[11] Engels, Die Staufer, S. 25.
[12] Niederkorn, Regesta Imperii, S. 10.

fränkischen und schwäbischen Anhängern wohl in Nürnberg (der genaue Ort ist unter den Experten umstritten) zum König erhoben, man könnte von einem Gegenkönigtum sprechen.[13] Eine These warum Konrad zum Gegenkönig erhoben wurde und nicht sein Bruder Friedrich geht davon aus, dass Konrad politisch unbelasteter war und so auch deshalb größere Chancen auf Zuspruch von den Fürsten gehabt hätte.[14] Um die Weihnachtszeit 1127 wurde Konrad zusammen mit seinem Bruder exkommuniziert, u.a. von Erzbischof Adalbert von Mainz veranlasst. Die Exkommunikation wurde im April des Folgejahres von Papst Honorius II. bestätigt. Wichtig zu erwähnen ist, dass auch der Folgepapst Innozenz II. und der Gegenpapst Anaklet II. sich dazu entschlossen haben den Staufer mit dem Kirchenbann zu belegen.[15] Da den Staufern trotz militärischer Erfolge im Jahr 1127 eine nennenswerte Aufstockung ihrer Kräfte im deutschen Reichsteil nicht gelungen ist, entwickelten sich konkrete Pläne potentielle Verbündete gegen Lothar in Italien zu suchen. Auch auf Grund des Vorhabens sich in Italien neue Parteigänger zu suchen war die Erhebung zum Gegenkönig wichtig, denn nur so verfügte Konrad über die Möglichkeit jenseits der Alpen bereits als König aufzutreten und so die Aussicht auf ein erfolgreiches Vorgehen zu erhöhen.[16]

Im Frühjahr 1128 überschritt Konrad die Alpen und wurde in Mailand freudig empfangen. Sein Ziel war es nun so schnell wie möglich viele Anhänger um sich zu scharen, über die Alpen zurückzuziehen und Lothar zu bekämpfen.[17] Ein weiteres Ziel bei Konrads Italienzug könnte der Versuch dargestellt haben sich die Mathildischen Güter einzuverleiben, sicherlich ging es ihm auch darum weitere finanzielle Unterstützungen lukrieren zu können.[18] Am 29. Juni des Jahres 1128 empfing Konrad in der Michaelskirche zu Monza aus der Hand des Mailänder Erzbischofs Anselm von Pusterla die Krone Italiens, die „Eiserne Krone der Langobarden". Konrad könnte durchaus die Absicht gehabt haben während einer Abwesenheit des Papstes die Stadt Rom unter seine Kontrolle zu bekommen. Nach dessen Rückkehr blieb dem Staufer aber nichts anderes übrig als sich zurückzuziehen. Unter den italienischen Städten, die Konrad großteils unterstützen, ist neben Mailand auch

---

[13] Görich, Die Staufer, S. 26.
[14] Lubich, Beobachtungen zur Wahl Konrads III., S. 314.
[15] Niederkorn, Regesta Imperii, S. 12-13 und S. 18-19.
[16] Niederkorn, Konrad III. als Gegenkönig in Italien, S. 598.
[17] Schwarzmaier, Die Welt der Staufer, S. 58.
[18] Engels, Die Staufer, S. 28.

Parma zu nennen, doch es gab noch viele weitere Orte die mit ihm sympathisiert haben sollen. Zu diesen Sympathisanten zählten angeblich z.b. Crema, Modena, Mantua und Bologna. Besonders lange konnte sich Konrad aber einer Unterstützung durch Mailand erfreuen, die anscheinend erst nach dem Sturz des Erzbischofs Anselm beendet worden sein soll.[19] Ein Motiv für die Unterstützung Mailands gegenüber Konrad könnten Konflikte mit der Kurie über die Vorrechte der Mailänder Kirche dargestellt haben.

Konrad konnte sich aber insgesamt in Oberitalien nicht durchsetzen. Wann genau er aus Italien nach Deutschland zurückgekehrt ist, ist bis heute umstritten. Ein möglicher Zeitraum dafür könnte der Sommer 1132 gewesen sein. 1134, vielleicht auch schon früher, dürfte seine Heirat mit Gertrud von Sulzbach, der Tochter Graf Berengars I. von Sulzbach, stattgefunden haben. Im Juli 1134 soll Konrad mit seinem Bruder Friedrich die Bürger Ulms zum Widerstand gegen Lothar angestachelt haben. Als Gegenreaktion brannte Heinrich der Stolze Ulm mit Ausnahme der Kirchen nieder, nämlich im August 1134.[20] Letzten Endes unterwarf sich Konrad Lothar im Herbst 1135 im thüringischen Mühlhausen und musste dabei versprechen bei der nächsten Italienfahrt teilzunehmen.[21] Einer der Friedensvermittler war anscheinend Abt Bernhard von Clairvaux, von dem später in dieser Arbeit noch zu sprechen sein wird. Schließlich wurden der über die zwei Stauferbrüder verhängte Kirchenbann und die ebenfalls vollzogene Reichsacht aufgehoben.[22] Immerhin konnte Konrad dadurch seine Besitzungen zum aller größten Teil behalten. Gerhard Lubich fasst die Situation sehr treffend zusammen in dem er festhält, Konrad sei durch seine Unterwerfung noch einmal mit einem blauen Auge davongekommen.[23]

Erwähnenswert ist, dass Konrad beim zweiten Italienzug Lothars großes Engagement gezeigt haben dürfte, was die anderen Teilnehmer durchaus zu würdigen wussten. Im November 1136 trug seine Bemühung wesentlich dazu bei im Kampf vor Pavia die ausrückenden Pavesen zu besiegen und in die Stadt zu treiben.[24] Man kann durchaus festhalten, dass sich Konrad nach seiner

---

[19] Niederkorn, Konrad III. als Gegenkönig in Italien, S. 589-595.
[20] Niederkorn, Regesta Imperii, S. 14 und S. 20-22.
[21] Engels, Die Staufer, S. 30.
[22] Schwarzmaier, Die Welt der Staufer, S. 62.
[23] Lubich, Beobachtungen zur Wahl Konrads III., S. 319.
[24] Niederkorn, Regesta Imperii, S. 26.

Unterwerfung sehr geschickt verhalten hat, was dazu führte, dass sich sein Einfluss und sein Ansehen vermehren konnten. Er schaffte es sich in das Herrschaftsgefüge Lothars III. einzuordnen, bewies sozusagen ein hohes Maß an Integrationsfähigkeit und zählte so wieder zu den wichtigsten Reichsfürsten. Er bewies somit, dass er nicht unversöhnlich war, somit konnte er wichtigen Einflussträgern (vor allem auch für die kommende Königswahl) beweisen, dass er nicht nur auf Eigeninteressen fixiert war, sondern sich auch für die Interessen des Reiches starkmachte.[25] Auf dem Rückweg vom Italienzug starb Lothar, wohl in der Nähe von Breitenwang, 62 Jahre alt, am 4. Dezember 1137.

1.3. Die Königswahl von 1138 und die ersten Jahre der Herrschaft König Konrads III. bis zum Fall von Edessa

Lothars Schwiegersohn Heinrich der Stolze war der haushohe Favorit für die anstehende Königswahl im Jahr 1138, doch wiederum sollte es anders kommen als erwartet. Heinrich verfügte über gewaltige Macht, er war der Herzog von Bayern und Sachsen, hatte wertvollste Güter geerbt und auch die reichen Besitztümer der Markgräfin Mathilde von Tuszien übertragen bekommen. So viel Macht in einer Hand bereitete vielen im Reich große Sorgen und auch dem Papst Innozenz II. war anscheinend wenig daran gelegen, dass Heinrich König werden sollte.[26] Heinrich hat anscheinend aufgrund seiner enormen Macht darauf verzichtet sich durch Wahlversprechungen einen sicheren Wählerkreis zu sichern, Konrad dagegen tat dies so gut er konnte.[27] Der Chronist Otto von Freising behauptet, dass Heinrich der Stolze in der Zeit der bevorstehenden Wahl eine durchaus ernstzunehmende Anzahl von Feinden gegen sich hatte.[28] Häufig wird berichtet, dass Heinrich bei Lothars letzter Italienfahrt viele Entscheidungsträger gegen sich aufgebracht hätte.

Von besonderer Wichtigkeit für die folgende Wahl waren v.a. zwei Männer: Kardinallegat Dietwin, ein Schwabe, und der Lothringer Albero von Trier, ein sehr enger Vertrauter des Papstes. Albero war zudem eng mit den Staufern verbunden, was er auch nach der Wahl bleiben sollte. Angeblich hatte man sich nun darauf verständigt die Königswahl am 22. Mai 1138 in Mainz abzuhalten, doch Albero rief eine anscheinend ausreichende Wählergruppe nach Koblenz und auf Vorschlag Dietwins wurde Konrad III. bereits am 7. März 1138 zum deutschen

---

[25] Lubich, Beobachtungen zur Wahl Konrads III., S. 320-323.
[26] Schwarzmaier, Die Welt der Staufer, S. 64.
[27] Engels, Die Staufer, S. 32.
[28] Pauler, War König Konrads III. Wahl irregulär, S. 156.

König erhoben und wohl am 13. März in Aachen gekrönt.[29] Die These von Gerhard Lubich erscheint durchaus plausibel, dass die Vertreter der Kirche von Konrad verlangt hätten die von ihr initiierten Nachfolgeregelungen für die Ämter der Erzbischöfe von Köln und Mainz anzuerkennen und vor seiner Wahl zu bestätigen.[30] Es scheint, dass Dietwin im Bezug auf die Wahl die Billigung durch den Papst und die Städte Italiens versichert hatte.[31]

Roland Pauler relativiert die Kritik an Konrads Wahl, wonach diese irregulär verlaufen sei, damit, dass beinahe ausschließlich alle Kritiker unter den Zeitgenossen Parteigänger Heinrichs des Stolzen gewesen sein sollen. Bemerkenswert ist, dass die Pöhlder Annalen, die sich bezüglich Informationen zum Geschehen des 12. Jahrhunderts vor allem auf zeitgenössische Quellen aus dem sächsischen Raum stützen, berichten, dass Konrad durchaus von einem berechtigten Wählerkreis von Bischöfen und anderen Fürsten erhoben worden sei. Auch Petrus Diaconus, ein Vertrauter des verstorbenen Lothars, konnte aus seiner Sicht keinerlei Mängel bei Konrads Wahl erkennen. Nicht vergessen darf man auch den Umstand, dass die Menschen bei Wahlen intensiv an das Wirken Gottes glaubten. Setzte sich ein Herrscher letztlich durch, schien dies den meisten die Erfüllung des Willen Gottes zu verdeutlichen.[32]

Im Bezug auf die Wähler ist es interessant, dass fast ausschließlich alle mit Konrad an Lothars Italienzug teilgenommen hatten, somit dürfte der nunmehrige Stauferkönig dort äußerst wichtige Kontakte geknüpft haben. Es bleibt zu sagen, dass es in jener Zeit weder ein formalisiertes Wahlverfahren gab noch einen genau feststehenden Wählerkreis.[33]

Obwohl Konrad zum König gewählt worden war vergaß er nicht darauf ständig zu erwähnen, dass er aufgrund seiner Abstammung natürlich ein legitimer Nachfolger der salischen Kaiser, v.a. seines Onkels Heinrichs V., sei.[34] König Konrad schaffte es entgegen mancher Erwartungen immer mehr Zuspruch für seine Herrschaft zu finden, was der Reichstag zu Bamberg im Prinzip schon zur Pfingstzeit 1138 deutlich machte.[35] Es lässt sich durchaus festhalten, dass nach der Versammlung in Bamberg Konrad eigentlich nur mehr einen oppositionellen Kern der Welfen

[29] Schwarzmaier, Die Welt der Staufer, S. 64-65.
[30] Lubich, Beobachtungen zur Wahl Konrads III., S. 327.
[31] Niederkorn, Regesta Imperii, S. 29.
[32] Pauler, War König Konrads III. Wahl irregulär, S. 140-146.
[33] Görich, Die Staufer, S. 29.
[34] Schneidmüller, 1125 – Unruhe als politische Kraft im mittelalterlichen Reich, S. 41.
[35] Schwarzmaier, Die Welt der Staufer, S. 66.

und Erzbischof Konrad von Salzburg gegen sich hatte.[36]

Wichtig zu erwähnen ist, dass die Witwe Lothars, Kaiserin Richenza, die Schwiegermutter Heinrichs des Stolzen, Konrad auch auf diesem Reichstag gehuldigt haben soll, obwohl sie verständlicherweise zuvor natürlich eine Königserhebung ihres Schwiegersohnes lieber gesehen hätte.[37]

Der verbitterte Wahlverlierer Heinrich weigerte sich Konrad zu huldigen, deshalb wurden ihm beide Herzogtümer abgesprochen und die Reichsacht über ihn verhängt. Erwähnen muss man allerdings, dass Konrad vorab von Heinrich wohl verlangt haben dürfte zumindest eines seiner Herzogtümer abzugeben. Diesem Anliegen konnte und wollte dieser jedoch nicht nachkommen. Der Besitz zweier Herzogtümer hat höchstwahrscheinlich auch dem Urteil der Fürsten widersprochen. In der Folgezeit konnte Heinrich sich vor allem in Sachsen gegen Konrad behaupten.[38] Auf einem Hoftag in Straßburg Ende Mai 1139 wurde anscheinend ein Feldzug gegen die „aufrührerischen" Sachsen beschlossen. Etwa zwei Monate später versammelte Konrad bei Hersfeld ein Heer für den Sachsenfeldzug. Mitte August begegneten sich die Heere Konrads und Heinrichs des Stolzen bei Kreuzburg an der Werra, jedoch kam es vor allem wegen der Vermittlung von Erzbischof Albero von Trier nicht zur Schlacht. Letztlich einigte man sich auf einen Waffenstillstand bis Pfingsten des folgenden Jahres, wohl auch auf einen Gerichttag in Worms. Konrad war anscheinend gezwungen auf den Waffenstillstand einzugehen, da die Bischöfe, die diesen wollten, einen ganz erheblichen Teil seines Heeres stellten.[39]

Herzog Heinrich der Stolze starb aber bereits am 20. Oktober 1139. Dieser Umstand kam Konrad mehr als gelegen, denn damit war sein Hauptfeind von der Bildfläche verschwunden.

In Sachsen hatte Heinrich davor mit Markgraf Albrecht dem Bären einen energischen Widersacher gegen sich gehabt, der seinen Handlungsspielraum sicherlich beschränkt hatte.[40] Das Herzogtum Sachsen war vorübergehend an den eben erwähnten Albrecht den Bären gegangen, Bayern an den babenbergischen Markgrafen Leopold IV. von Österreich. 1143 ging Bayern schließlich an den Babenberger Heinrich „Jasomirgott" (Heinrich II. von Österreich).[41]

---

[36] Lubich, Beobachtungen zur Wahl Konrads III., S. 314-315.
[37] Pauler, War König Konrads III. Wahl irregulär, S. 141.
[38] Schwarzmaier, Die Welt der Staufer, S. 66-67.
[39] Niederkorn, Regesta Imperii, S. 55 und S. 64-66.
[40] Engels, Die Staufer, S. 33.
[41] Jehle, Die Staufer, S. 39.

Bereits vor der Belehnung an Jasomirgott wurde dieser mit Gertrud, der Witwe Heinrichs des Stolzen, verheiratet. Die Eheverbindung wurde anscheinend im Mai 1142 geschlossen. Bei dieser Gelegenheit klärte der König auch das Sachsenproblem und gab Heinrich dem Löwen, dem Sohn Heinrichs des Stolzen, das Herzogtum seines Vaters zurück.[42] Einer interessanten These zur Folge sollte die Heirat Gertruds mit dem Babenberger Heinrich gegebenenfalls den Anschein erwecken, dass Gertrud Heinrich das Herzogtum Bayern als Erbe bzw. Mitgift zugeführt hätte.[43] Nach dem Tod Heinrichs des Stolzen hatten viele seiner Anhänger seinem minderjährigen Sohn die Treue gehalten und die Kämpfe in Sachsen weitergeführt. In Bayern arbeitete sich Welf VI., der Bruder Heinrichs des Stolzen, zu einem hartnäckigen Gegner Konrads empor. Bereits im August 1140 bekämpfte Welf den Bayernherzog Leopold IV., als Gegenreaktion belagerte Konrad im November desselben Jahres Weinsberg, eine Burg Welfs. Am 21. Dezember 1140 gelang es König Konrad ein zahlenmäßig überlegenes Heer Welfs zu besiegen und Weinsberg einzunehmen. Welf VI. schaffte es allerdings zu entkommen. Die feindliche Einstellung Welfs erklärt sich v.a. dadurch, dass er das Herzogtum Bayern, das sein Bruder Heinrich innegehabt hatte, wohl für sich selbst beanspruchte.[44] Letztlich erhielt wenige Jahre nach Konrads Tod Heinrich der Löwe auch das Herzogtum Bayern, das sein Vater ebenfalls innegehabt hatte, zurück. Als Ersatz für „Jasomirgott" wurde durch das Privilegium Minus von 1156 die Mark Österreich in ein vom Herzogtum Bayern getrenntes Herzogtum umgewandelt und diesem überlassen.[45]

Wie bereits erwähnt versuchte Konrad in Bayern vermehrt Einfluss zu gewinnen, nach seiner Wahl zum König zunächst auf Kosten Heinrichs des Stolzen. Dabei nutzte Konrad beispielsweise auch den Umstand aus, dass in Freising die Bischofsposition gerade vakant geworden war, wo es ihm nun gelang seinen Halbbruder Otto (später eben Otto von Freising) zum Bischof aufrücken zu lassen. Hier bietet es sich an zu erwähnen, dass Otto kurz zuvor zum Abt von Kloster Morimond, ein Zisterzienserkloster, ernannt wurde, woraus sich naturgemäß ein Naheverhältnis zu Bernhard von Clairvaux ergeben sollte.[46]

In der Folgezeit konnte sich Konrad durchaus mit geschicktem Handeln auszeichnen,

---

[42] Niederkorn, Regesta Imperii, S. 101.
[43] Engels, Die Staufer, S. 39.
[44] Niederkorn, Regesta Imperii, S. 68, S. 78-83 und S. 93.
[45] Engels, Die Staufer, S. 62.
[46] Schieffer, Heinrich der Löwe, S. 72.

was durch eine wohldurchdachte Personalpolitik untermauert wird. Er söhnte sich mit vielen seiner ehemaligen Feinde aus, die Befriedung vieler Gebiete des Reiches nördlich der Alpen ist ihm gelungen. Der durchaus erfolgreiche Herrscher versuchte später auch für eine direkte Nachfolge durch seinen Sohn Heinrich zu sorgen. Dieser wurde 1147 als Kind zum König gewählt (dieser Vorgang wurde an einem einberufenen Reichstag im März in Frankfurt ausgeführt) und am 30. März dieses Jahres in Aachen gekrönt, starb aber vor seinem Vater bereits im Jahr 1150.[47]

Betrachtet sollen in diesem Kapitel aber auch weitere Aktionen Konrads außerhalb des heutigen deutschen Raumes werden. Nach Polen unternahm Konrad im Herbst 1146 einen Feldzug, um Wladislaw II., den ältesten Sohn Herzog Boleslaws III., gegen seine Brüder Mieszko und Boleslaw (IV.) zu unterstützen, die ihn ins deutsche Exil getrieben hatten. Konrad konnte aber nicht ins Innere Polens vordringen und wurde schließlich durch Versprechungen zur Heimkehr bewegt, die letzten Endes nicht eingehalten wurden. Ebenfalls wenig erfolgreich versuchte der König in die ungarische Herrschaftsnachfolge einzugreifen. Offensichtlich sollte der Kronprätendent Boris statt Geisa II. an die Macht gebracht werden. In wohl anzunehmender Absprache mit Konrad III. griff Heinrich II. Jasomirgott deshalb Preßburg an. Ein erhoffter Umsturz gelang letztendlich nicht. Geisa wandte sich immer mehr von Konrad ab und suchte die Zusammenarbeit mit dessen Gegner, Welf VI.[48] Neben diesen eher negativ verlaufenen Aktionen soll auch die geglückte Intervention Konrads in Böhmen erwähnt werden. Herzog Vladislav II. von Böhmen wurde im April 1142 von Aufständischen unter der Führung von Konrad von Znaim besiegt und kam daran anschließend mit einem Hilfsgesuch zu König Konrad. Im Juni 1142 zog Konrad mit einem Heer nach Böhmen. Dem Anschein nach war dieses Heer so stark, dass Konrad von Znaim sich zur Flucht entschloss. In der Folge konnte Vladislav II. durch Konrad III. wieder als Herzog in Böhmen eingesetzt werden. Für den militärischen Aufwand des Königs erhielt dieser eine Art Kostenersatz von Vladislav und verließ daraufhin das böhmische Gebiet.[49]

Zumindest seit dem Beginn von Konrads Herrschaftszeit wurde es für die Staufer zu einem wichtigen Ziel möglichst viele Königslandschaften im Reich auszuformen. Insbesondere die Reichsministerialen unterstützen die Staufer bei der Verwaltung dieser Gebiete.[50]

---

[47] Schwarzmaier, Die Welt der Staufer, S. 70-71.
[48] Engels, Die Staufer, S. 43-44.
[49] Niederkorn, Regesta Imperii, S. 101-107.
[50] Jordan, Staufer und Kapetinger im 12. Jahrhundert, S. 137.

Der König überzog Deutschland so gut er konnte mit einer dichten Anordnung von Herrschaftspunkten, um seine Königsgewalt weiter verbreitet präsent zu machen. Die Tätigkeit der Reichskanzlei, die zuvor vor allem in der Erledigung des Urkundengeschäftes bestand, wurde unter Konrad zunehmend ausgeweitet, man kann durchaus davon sprechen, dass die Reichskanzlei zu einer Art oberster Verwaltungsbehörde umgestaltet worden ist.[51] Insgesamt belegen auch die Urkunden, dass Konrads Königtum von einer rastlosen Geschäftigkeit geprägt war und er das Reich sozusagen vom Sattel aus regierte.[52] Trotzdem ist es wichtig zu erwähnen, dass Konrad III. im Bezug auf die ihm zur Verfügung stehenden Machtmittel mit seinem Vorgänger Lothar nicht mithalten konnte.[53] Festhalten muss man ebenfalls, dass Konrad gezielter als die Könige vor ihm Ämter und Würden an seine Verwandten vergeben hat.[54] Beispielsweise hat Konrad Gottfried II. von Löwen zum Herzog von Niederlothringen erhoben, ca. Mitte Juni 1139. Zuvor sorgte er allerdings für eine Heirat Gottfrieds mit seiner Schwägerin Luitgard von Sulzbach.[55] Konrad schuf immer mehr die Voraussetzungen für eine Ausweitung der Hausmacht, die v.a. dem Familienzweig seines Bruders Friedrich besonders zu gute kommen sollte.[56] Wie bereits erwähnt war er in seiner bisherigen Herrschaft recht erfolgreich, deshalb strebte er den nächsten Schritt zu noch mehr Macht an. Er wollte den Romzug antreten, um sich die ersehnte Kaiserkrone sichern zu können. Dazu kam es allerdings nicht, denn sein weiteres Leben sollte vor allem von einem Ereignis bestimmt werden, dem Zweiten Kreuzzug.

2. Die Eroberung Edessas durch die Muslime 1144

Um das Jahr 1137 erfreute sich die Grafschaft Edessa verhältnismäßig friedlicher Zeiten, da sich die Muslime an ihren Grenzen in aufreibenden Konflikten gegenseitig bekämpften. Im Jahr 1142 beschloss der byzantinische Kaiser Johannes ein großes Heer ins syrische Gebiet zu führen, um dort seine Machtansprüche zu klären bzw. um sie dann auch durchzusetzen. Im September tauchte das Heer vor Turbessel, einer der wichtigsten Städte des Grafen von Edessa, Joscelin, auf. Ihm blieb keine andere Wahl als dem Kaiser zu huldigen, er bot sogar seine Tochter als Geisel an.

---

[51] Engels, Die Staufer, S. 47-51.
[52] Goez, Lebensbilder aus dem Mittelalter, S. 270.
[53] Engels, Die Staufer, S. 37.
[54] Görich, Die Staufer, S. 31.
[55] Niederkorn, Regesta Imperii, S. 61.
[56] Engels, Die Staufer, S. 53.

Das Hauptziel des byzantinischen Herrschers war aber Antiochia. Nach gescheiterten Verhandlungen verwüstete Johannes Teile der Umgebung Antiochias. Die Kreuzfahrerstaaten wurden aber bald vom byzantinischen Druck befreit, da der Kaiser im April 1143 verstarb. Sein Nachfolger Manuel führte das Heer heimwärts. Viele Franken des Ostens waren erleichtert als Johannes gestorben war, aber am meisten Nutzen sollte letztlich der Atabeg von Mossul und Aleppo, Zengi, aus dessen Tod ziehen.[57] Im November 1143 verstarb auch der König von Jerusalem, Fulk, der davor durch ein Bündnis mit Damaskus die muslimische Stadt davor bewahrt hatte unter Zengis Kontrolle zu geraten. Die Nachfolge Fulks trat Melisende, seine Witwe, zusammen mit dem gemeinsamen Sohn Balduin an. Der Sohn war zu diesem Zeitpunkt für eine Alleinregierung noch zu jung. In der Folge reichte die Autorität der beiden jedoch meistens nicht aus, um widerspenstige Adlige in den Kreuzfahrerstaaten ihrem Willen zu unterwerfen. So kam es zu gröberen Konflikten zwischen dem Fürsten von Antiochia und dem Grafen von Edessa. Diese Zwistigkeiten machte sich der muslimische Heerführer Zengi in der Folge zu nutze. Zengi war zu diesem Zeitpunkt vom Druck der Byzantiner befreit, sah sich keinem starken Anführer des Königreichs Jerusalem ausgesetzt und auch die verfeindeten Damaszener konnten Zengi mit ihren militärischen Mitteln nicht unter Druck setzen. Im Herbst 1144 griff Zengi den Ortoqiden-Fürsten Kara Arslan von Diarbekir an, der sich kurz zuvor mit dem Grafen von Edessa verbündet hatte. Joscelin zog mit dem Großteil seines Heeres aus, um die Nachschublinien Zengis nach Aleppo zu durchschneiden.[58] Als Gegenreaktion belagerte Zengi Edessa. Joscelin hatte nur wenige seiner Krieger zurückgelassen, was die Verteidigung natürlich schwierig gestaltete und sich letztlich als schwerwiegender Fehler erweisen sollte. Der Graf von Edessa zog sich mit seinem Heer nach Turbessel zurück, da er gegen die Streitmacht Zengis kaum etwas ausrichten konnte. Melisende, die Königin von Jerusalem, begann ein Heer zusammenzustellen, um Edessa zur Hilfe zu kommen. Dieses Heer der Königin sollte letzten Endes aber zu spät eintreffen. Edessa war eigentlich nicht leicht einzunehmen. Die dreieckige Stadtmauer war fest mit den umgebenden Hügeln verbunden.[59] Weil Edessa eine äußerst gut befestigte Stadt war, versprach ein direkter Angriff nur eine geringe Chance auf Erfolg. Zengi erkannte, dass die beste Möglichkeit sich Zutritt zur Stadt zu verschaffen darin lag,

[57] Runciman, Geschichte der Kreuzzüge, S. 524-530.
[58] Runciman, Geschichte der Kreuzzüge, S. 537-539.
[59] Maalouf, Der Heilige Krieg der Barbaren, S. 151.

die Stadtmauern zu untertunneln. Die Untertunnelung der Mauern brachte letzten Endes den von Zengi erwünschten Erfolg.[60]

Als am Weihnachtsabend in der Nähe des Stunden-Tors eine Mauer einstürzte, stürmten die muslimischen Kämpfer durch die Bresche. Binnen kurzer Zeit wurden tausende Menschen zu Tode getrampelt oder getötet. Immerhin soll Zengi dem Massenmord ein Ende gesetzt haben, als er selbst nach Edessa hineinritt. Im Anschluss daran verschonte dieser aber nur die einheimischen Christen, die anderen wurden getötet, die Frauen in die Sklaverei verkauft. Die lateinischen Kirchen der Stadt ließ er zerstören.[61]

Der Fall Edessas ausgerechnet am Weihnachtsabend 1144 war ein schwerer Rückschlag für die Christenheit des Ostens. Mit Edessa war die erste Herrschaft verloren gegangen, die die Kreuzfahrer auf ihrem Weg ins Heilige Land errichtet hatten. Gerade dieser Umstand verlieh der Stadt einen besonders bedeutenden Charakter.[62] Außerdem war Edessa der angebliche Bestattungsort der Apostel Thomas und Thaddeus.[63] Die Eroberung Edessas schürte unter den Muslimen neue Hoffnungen und die Nachricht davon sollte sich schnell verbreiten. Als Folge kam eine Bewegung zur Verkündung eines neuen Kreuzzuges in Gang. Zengi konnte nach seiner Eroberung den Titel eines „Königs" erwerben, die Freude darüber wehrte aber nicht allzu lange, da er bereits am 14. September 1146 ermordet wurde.[64] Nach einem Abend mit reichlich Alkoholgenuss hatte sich Zengi schlafen gelegt. Als er aufwachte sah er einen fränkischen Eunuchen, Yarankach, der aus seinem Becher Wein trank. Zengi tobte vor Wut und drohte ihm mit schrecklichen Bestrafungen. Der in Angst versetzte Eunuch wartete bis Zengi wieder schlief und tötete ihn mit einem Dolch. Nach seiner Flucht wurde er von Zengis Feinden mit Geschenken überschüttet und als „Held" gefeiert.[65]

Ein darauffolgender Rückeroberungsversuch Edessas durch Joscelin konnte vom zweiten Sohn Zengis und seinem Nachfolger auf syrischem Gebiet, Nur ed-Din, abgewehrt werden.[66] Joscelins Heer hatte weder genügend Kämpfer noch Belagerungsmaschinen, um die Zitadelle von Edessa einzunehmen. Seine Truppen,

---

[60] Phillips, Heiliger Krieg, S. 140.
[61] Runciman, Geschichte der Kreuzzüge, S. 541.
[62] Kaufhold, Die Kreuzzüge, S. 75.
[63] Phillips, The Second Crusade, S. XVII.
[64] Runciman, Geschichte der Kreuzzüge, S. 542-543.
[65] Maalouf, Der Heilige Krieg der Barbaren, S. 155.
[66] Runciman, Geschichte der Kreuzzüge, S. 544-545.

die sich noch in der Unterstadt aufhielten als Nur ed-Din mit seinem Heer anrückte, erlitten enorme Verluste und dem Graf blieb nur die Flucht. Die Unterstützung einiger Christen Edessas für Joscelin kam sie teuer zu stehen. Nur ed-Din rächte sich mit Mord, Versklavung und Verbannung. Ein syrischer Christ beschrieb die Situation in der Stadt: „Die Stadt bot einen entsetzlichen Anblick, sie war in eine schwarze Wolke gehüllt, ertrunken im Blut, infiziert von den Leichen ihrer Söhne und Töchter."[67] Die Hoffnung Zengis Tod würde den christlichen Mächten helfen erfüllte sich nicht. Zwar teilten seine ersten beiden Söhne sich sein Erbe auf, bekämpften sich allerdings nicht wie erwartet.[68] In der Folgezeit machte sich Nur ed-Din, sein zweitältester Sohn, daran, weitere Teile christlicher Herrschaften zu erobern, beispielsweise Gebiete des Fürstentums Antiochia. Der Sohn Zengis begann sich zum Hauptfeind der Christenheit hochzuarbeiten und widmete sich in der Folge vor allem einem Ziel, dem Djihad.[69]

3. Die Entscheidung Papst Eugens III. für einen neuen Kreuzzug

Jerusalem und Antiochia entsandten v.a. in Reaktion auf die Ereignisse in Edessa Bischof Hugo von Dschabala, dieser sollte den Papst um einen neuen Kreuzzug ersuchen. Erst im Herbst 1145 traf Hugo bei der Kurie ein. Papst Eugen III. hielt sich zu dieser Zeit in Viterbo auf, in Rom war man ihm gegenüber überwiegend feindlich eingestellt.[70] Dort wollten verschiedene Gruppierungen die Hierarchie des Papstes bekämpfen. Die Geistlichen der kleinen Kirchen lehnten sich auch gegen die Kaste der Kardinäle auf, die begannen sich immer häufiger Prunkbauten zu errichten. Einer der führenden Männer im Versuch für Rom die Freiheit von der Herrschaft der Kurie zu erlangen war Arnold von Brescia, der den Papst als blutrünstigen Kirchenquäler bezeichnet haben soll. Eugen konnte zwar im Dezember 1149 einen kurzfristigen Erfolg für seine päpstliche Stellung gegenüber Rom erringen, letztlich konnte er aber erst im Dezember 1152 nach angeblichen Bestechungen an den Senat und der Ankündigung eines Romzuges durch den neuen deutschen Herrscher Friedrich Barbarossa in die Ewige Stadt einziehen.[71] Beim Ersten Kreuzzug hatte sich noch kein König persönlich engagiert, beim Zweiten

---

[67] Asbridge, Die Kreuzzüge, S. 253.
[68] Runciman, Geschichte der Kreuzzüge, S. 545.
[69] Maalouf, Der Heilige Krieg der Barbaren, S. 158.
[70] Runciman, Geschichte der Kreuzzüge, S. 551.
[71] Dinzelbacher, Bernhard von Clairvaux, S. 319 und S. 349.

Kreuzzug sollten in weiterer Folge mit Ludwig VII. von Frankreich und König Konrad III. gleich zwei der bedeutendsten Herrscher des Abendlandes teilnehmen.[72] Bischof Hugo reiste weiter, um die Höfe in Frankreich und Deutschland zu unterrichten. In der Zwischenzweit hatte sich Eugen bereits für den Kreuzzug entschlossen. Sowohl zu den Franzosen wie auch zu den Deutschen hatte der Papst eine gute Beziehung. König Konrad III. hatte im Zuge seiner Wahl zum König wichtige Unterstützung von der Kirche erhalten. Der Papst wollte aber vor allem König Ludwig VII. von Frankreich mit dem Kreuzzugsunternehmen betrauen. Konrad sollte statt eines Kreuzzuges dem Papst helfen die Römer zu unterwerfen und gegen Roger II. von Sizilien vorgehen. Am 1. Dezember 1145 richtete der Papst eine Bulle an die Franzosen, worin er sie zum Kreuzzug aufrief. Als Lohn wurde den möglichen Kreuzfahrern die Sicherstellung ihrer Besitztümer, aber vor allem der Ablass ihrer Sünden in Aussicht gestellt.[73] Einen Aufruf zu einem Kreuzzug konnte nur ein Papst in seiner Funktion als Repräsentant Christi auf Erden ergehen lassen.[74] In der Bulle versprach der Papst auch, dass während ihrer Abwesenheit kein Prozess um das Eigentum der Kreuzfahrer geführt werde dürfe und dass die Abwesenden von Zinszahlungen befreit würden.[75] Dabei handelt es sich um die erste erhaltene päpstliche Bulle, die zu einem Kreuzzug aufrief, da die Aufrufe von Papst Urban II. nicht mehr erhalten sind. Die Bulle wurde sorgfältig verfasst und sollte ihr Ziel nicht verfehlen. Im Wesentlichen forderte sie die kriegsfähigen Männer dazu auf das Kreuz zu nehmen, um das Heilige Land zu verteidigen, welches ihre Väter und Großväter erobert hatten. Diese Aufforderung sollte letztlich eine große Wirkung entfalten.[76]

Zum besseren Verständnis hier zwei Auszüge aus der sogenannten Bulle „Quantum praedecessores", die Papst Eugen III. verabschiedete: „Und so mahnen wir alle von euch im Namen des Herrn, bitten und befehlen es und tragen es euch gegen den Erlass eurer Sünden auf, dass diejenigen, die auf der Seite Gottes stehen, und vor allem die Mächtigeren unter euch und die Adeligen, sich energisch rüsten, um gegen die Masse der Ungläubigen anzurücken."[77]

---

[72] Phillips, Heiliger Krieg, S. 145.
[73] Runciman, Geschichte der Kreuzzüge, S. 552.
[74] Riley-Smith, Wozu heilige Kriege, S. 11.
[75] Asbridge, Die Kreuzzüge, S. 224-225.
[76] Phillips, Heiliger Krieg, S. 142.
[77] Riley-Smith, Wozu heilige Kriege, S. 53.

„ … wer auch immer voller Frömmigkeit eine so heilige Fahrt antritt und zu Ende führt, oder aber auf ihr stirbt, Absolution von allen seinen Sünden erlangen wird, die er mit reuigem und demütigem Herzen gebeichtet hat; und er wird die Frucht ewig währender Vergeltung von dem empfangen, der alle belohnt."[78]

Dem Papst war es außerdem wichtig gewisse Verhaltensregeln für die Kreuzfahrer festzulegen. Beispielsweise sollten sie auf teure Kleidung, Hunde und Falken oder besonders geschmückte Waffen verzichten.[79]

Das gesamte Unternehmen möglichst viele Teilnehmer zum Kreuzzug aufzurufen sollte sich als sehr gut organisiert erweisen, was in späterer Folge auf den Kreuzzug selbst nicht immer zutraf. Außerdem lag das Problem meist nicht darin genügend Teilnehmer zu finden, sondern die richtigen zu finden, die gut kämpfen konnten und ordentlich ausgerüstet waren. Für spätere Päpste sollte diese Bulle als Vorlage dienen, teilweise wurde sie unverändert von ihnen übernommen. Ein Problem bei der Formulierung der Bulle stellt der Umstand dar, dass ein genaues militärisches Ziel, wie etwa eine Rückeroberung Edessas, in ihr nicht festgehalten wurde.[80]

Seit der Zeit des Ersten Kreuzzuges waren die christlichen Streitkräfte im Osten im Prinzip nicht mehr in der Lage eine Großoffensive gegen muslimische Stellungen auszuführen. Erst der Fall von Edessa rüttelte nun die christlichen Kämpfer im Abendland wach und die Christen des Ostens konnten auf weitreichende Unterstützungen gegen die muslimischen Streitkräfte hoffen. Viele christliche Reiche, wie z.B. auf der Iberischen Halbinsel, widmeten sich in der Folgezeit aber dem Kampf gegen die „Ungläubigen" in der Nähe der eigenen Heimat.[81]

Dabei muss aber erwähnt werden, dass der Papst sich damit einverstanden erklärte. Hinzu kommt der Umstand, dass sich beispielsweise auch Soldaten aus England bei den Kämpfen auf der Iberischen Halbinsel beteiligten, anstatt als Kreuzfahrer direkt ins Heilige Land zu reisen. Dabei konnten zum Beispiel die Portugiesen einen wichtigen Erfolg verbuchen, als am 24. Oktober 1147 mit Hilfe eines Kreuzfahrerheeres Lissabon erobert werden konnte, ein wichtiger Entwicklungsschritt in der Geschichte Portugals.[82]

---

[78] Riley-Smith, Wozu heilige Kriege, S. 106.
[79] Ferzoco, The Origin of the Second Crusade, S. 91.
[80] Asbridge, Die Kreuzzüge, S. 224-225.
[81] Runciman, Geschichte der Kreuzzüge, S. 553-555.
[82] Phillips, The Second Crusade, S. 136.

4. Bernhard von Clairvaux und seine Bedeutung für den Zweiten Kreuzzug

Der französische König war durchaus bereit dem päpstlichen Ansuchen Folge zu leisten, doch der weltliche Adel Frankreichs unterstützte einen etwaigen Kreuzzug zunächst nicht. So musste der König den Aufruf zum Kreuzzug auf Ostern 1146, nach Vezelay, verschieben. Papst Eugen III. beauftragte Bernhard von Clairvaux damit die maßgeblichen Kreuzzugspredigten zu halten.[83]

Die durchaus enge Verbindung Bernhards mit Papst Eugen III. erklärt sich auch dadurch, dass Eugen selbst Zisterziensermönch gewesen ist, er war übrigens der erste Zisterziensermönch, der das Amt des Papstes bekleidete. Da Bernhard natürlich nicht alle Gegenden in denen man zum Kreuzzug aufrufen wollte selbst besuchen konnte, wandte er sich an vertrauenswürdige „Kollegen", die die Aufrufstätigkeit für gewisse Gegenden übernehmen sollten.[84]

Bernhard von Clairvaux wurde um das Jahr 1090 in Burgund geboren und trat mit 23 Jahren einer Gemeinschaft von Benediktinern bei, die sich zuvor bei Citeaux versammelt hatten. Viele seiner Verwandten hatten im Vorfeld versucht Bernhard eine geistliche Karriere auszureden. In der Folge schaffte es Bernhard nun viele dieser Verwandten zu Geistlichen „umzudrehen".[85] Nach nur zwei Jahren beauftragte man ihn ein Zisterzienserkloster in Clairvaux zu gründen. Der Einfluss Bernhards nahm mit dem der Zisterzienser parallel zu. Ein Anliegen der Zisterzienser war eine strenge Interpretation der Regel des Heiligen Benedikts von Nursia, die eine äußerste Schlichtheit in der Lebensführung forderte.[86] Die Aussage eines Klerikers, der unter dem Pseudonym Discipulus Goliae schrieb, verdeutlicht diese Tatsache: „Von wundersamer Enthaltsamkeit sind sie, von wundersamer Kargheit, Feinde leeren Ruhms, Feinde der Eitelkeit. Mit Kälte und Hunger kasteien sie sich freiwillig, um so die Schau der Gottheit zu genießen. Die äußere Erscheinung ist grob und verwahrlost, das Essen bescheidenst und das Lager vernachlässigt. Auch ihre Rede ist äußerst knapp und kaum verständlich. Kein Orden ist heiliger, keiner so vollkommen."[87]

Für Bernhard war die Askese ein wichtiger Bestandteil seines Lebens als Geistlicher. Darunter müssen wir uns in diesem Zusammenhang auch gezielte Schmerzzufügung

---

[83] Runciman, Geschichte der Kreuzzüge, S. 556.
[84] Phillips, The Second Crusade, S. 40 und S. 69.
[85] Dinzelbacher, Bernhard von Clairvaux, S. 17.
[86] Asbridge, Die Kreuzzüge, S. 226-227.
[87] Dinzelbacher, Bernhard von Clairvaux, S. 40.

durch Hunger, Durst, Schlafentzug und Selbstverletzung vorstellen. Bernhard ging dabei zuweilen so weit, dass er seine Gesundheit schädigte, vielleicht sogar sein Leben aufs Spiel setzte. Es scheint, dass er bereits im ersten Jahr seines Klosterlebens dadurch ein chronisches Magenleiden provozierte, welches ihn sein ganzes Leben beeinträchtigen sollte, später vielleicht sogar seinen Tod verursacht hat.[88]

Bernhard, der später heiliggesprochen wurde, wird zu Recht zu den einflussreichsten Geistlichen Westeuropas im zwölften Jahrhundert gezählt. Er sorgte letztlich dafür, dass die Zisterzienser ihre Bedeutung und ihren Einfluss enorm ausbauen konnten.[89] Der Abt war ein enorm bedeutender Fürsprecher der Tempelritter, er schrieb z.B. das Werk „Buch vom Lobpreis der neuen Ritterschaft", das den Ruhm der Templer mehren sollte.[90] Ein Ziel des Buches lag sicherlich darin für den Orden neue Mitglieder anzuwerben, Bernhard wollte mit seinen Texten für die Templer auch deren Kritiker widerlegen. Er wies daraufhin, dass der Tod, den man für Christus erleide, den größten Ruhm verdienen würde. Er meinte im Bezug darauf, welche Gruppen Mitglieder für die Templer stellen könnten, dass es durchaus begrüßenswert wäre, wenn sich Verbrecher, Gottlose, Räuber, Kirchenschänder, Mörder usw. in den Dienst Gottes stellen würden und zur Sühne für ihn kämpfen und sterben würden. Es bleibt festzuhalten, dass die „Werbeschrift" von Bernhard von Clairvaux sicherlich einen Wendepunkt in der Geschichte des Templerordens markiert hat.[91] Die Regeln des Heiligen Benedikts von Nursia bildeten eine wichtige Grundlage für das Regelwerk des Templerorderns. Weltliche Vergnügungen wie Schach, die Jagd oder Falknerei waren den Templern verboten.[92]

Wir verfügen heute über keine Mitschrift von Bernhards Predigten, aber erhalten ist beispielsweise einer seiner Briefe, der an das östliche Franken und Bayern gerichtet war. Im Prinzip handelt es sich bei diesem Brief um eine „schriftlich abgefasste Kreuzzugspredigt" bzw. um einen Kreuzzugsaufruf. Darin schreibt Bernhard u.a.: „Der Gott des Himmels hat begonnen sein Land zu verlieren. Sein Land sage ich, in dem er gesehen wurde und mehr als dreißig Jahre als Mensch unter Menschen weilte ...".[93]

---

[88] Dinzelbacher, Bernhard von Clairvaux, S. 25-26.
[89] Phillips, Heiliger Krieg, S. 139.
[90] Thorau, Die Kreuzzüge, S. 89.
[91] Dinzelbacher, Bernhard von Clairvaux, S. 117-124.
[92] Bulst-Thiele, The Influence of St. Bernard of Clairvaux, S. 59.
[93] Kaufhold, Die Kreuzzüge, S. 79.

Der Aufruf zur Aufstellung eines Kreuzzugsheeres, um den Willen Gottes auf Erden durchzusetzen, hätten den Schluss erzeugen können, Gott wäre nicht allmächtig. Bernhard drehte das Ganze aber um, Gott würde nur so tun als hätte er die Hilfe der Menschen nötig und hätte die Bedrohung des Heiligen Landes arrangiert, um das religiöse Pflichtbewusstsein der Gläubigen prüfen zu können.[94]

Für den neuerlichen Aufrufversuch trat am 31. März 1146 eine Versammlung in Vezelay zusammen und die angekündigte Predigt Bernhards führte zu einem massenhaften Besucherstrom aus ganz Frankreich, mit seiner Hilfe wurde dieser Kreuzzugsaufruf zu einem vollen Erfolg. Einige Tage später schrieb Bernhard dem Papst u.a., dass sich so viele Männer zum Kreuzzug verpflichtet hätten, dass man künftig auf sieben Frauen nur einen Mann finden werde.[95]

Im Bezug auf seine Kreuzzugspredigertätigkeit muss man erwähnen, dass Bernhard zu dieser Zeit körperlich durchaus angeschlagen war. So soll er sowohl grobe Probleme bei der Nahrungsaufnahme gehabt haben als auch solche mit seinem Verdauungstrakt. Trotzdem ließ sich der Zisterzienser nicht von diesen Gebrechen an seiner Tätigkeit hindern.[96]

Doch schon bald zeigten sich auch erste negative Auswirkungen der Kreuzzugshysterie. Bernhard wurde vom Erzbischof von Köln ins Rheinland gerufen. Ein gewisser Radulf, ein Zisterziensermönch, wiegelte die Menschen zum Massenmord gegen die Juden auf. Besonders betroffen waren anscheinend Juden in den Bischofsstädten, die unter dem Schutz der Bischöfe standen und diesen viel Geld eingebracht haben sollen. Angeblich hatten die Bischöfe keine Möglichkeit gegen die Zisterzienser vorzugehen, da diese durch päpstliche Privilegien geschützt waren. Bernhard gelang es dem Treiben seines Mitbruders Einhalt zu gebieten und die brenzlige Situation zu beruhigen.[97] Der Abt von Clairvaux vertrat eindeutig die Meinung, dass Radulf sich nicht über einen Bischof zu stellen, zu predigen und Morde gut zu heißen habe. Viele Juden betrachteten Bernhard als eine Art Wohltäter. Tatsächlich hatte er zu deren Gunsten interveniert, nicht wie die meisten Bischöfe großteils aus finanziellem Eigennutz, sondern uneigennützig. In der Folge, das kann man an dieser Stelle durchaus auch erwähnen, trat Bernhard anscheinend dafür ein, dass Kreuzfahrer Zinsschulden bei jüdischen Gläubigern

---

[94] Asbridge, Die Kreuzzüge, S. 221.
[95] Runciman, Geschichte der Kreuzzüge, S. 557-558.
[96] Dinzelbacher, Bernhard von Clairvaux, S. 294.
[97] Jehle, Die Staufer, S. 41.

nicht hätten begleichen müssen, was für manche von diesen durchaus existenzbedrohend gewesen sein könnte.[98]

Auch König Konrad III. scheint versucht zu haben den Juden beizustehen in dem er z.b. Nürnberg als eine Art Asylstätte für sie bereitgestellt haben soll.[99] Mitglieder der Gemeinschaft der Juden in Köln bezahlten beispielsweise den Erzbischof der Stadt, woraufhin dieser ihnen die Festung Wolkenburg als Zufluchtsstätte überließ.[100]

Da Bernhard nun in Deutschland weilte, wollte er auch die Deutschen für den Kreuzzug gewinnen. Den Interessen des Papstes entsprach dies allerdings wie schon erwähnt nicht. Doch König Konrad III. und seine Untertanen waren von Bernhards Ansuchen zunächst wenig begeistert. Der Krieg gegen den Islam kümmerte sie zunächst anscheinend viel weniger, als der Kampf gegen die Heiden in der Nähe der eigenen Gebiete.[101] Später ergab sich deshalb der Umstand, dass sich die norddeutschen Adligen größtenteils weigerten ins Heilige Land zu ziehen. Stattdessen wollten sie die nichtchristlichen Stämme nahe ihrer eigenen Gebiete „bekehren".[102] Der sogenannte Wendenkreuzzug wurde sowohl von der Nachwelt als auch von so manchen Zeitgenossen harsch kritisiert. Wirklich greifbare Resultate konnte die Unternehmung, die vor allem sächsische und dänische Beteiligung fand, nicht erzielen. Bernhard von Clairvaux unterstützte die Unternehmung des Wendenkreuzzuges ebenfalls. Für ihn galt angeblich die Zielsetzung die Heidenvölker entweder zu vernichten oder zu bekehren.[103] Die gut befestigten slawischen Festungen konnten zum allergrößten Teil nicht eingenommen werden. Viele der prominenten Teilnehmer des Wendenkreuzzuges, wie Heinrich der Löwe oder Albrecht der Bär, sahen sich enttäuscht im Bezug auf die Umsetzung ihrer vorher erstellten, militärischen Zielsetzungen. Trotzdem kann man auch festhalten, dass sich durch den Feldzug vermehrt Ansätze für die Heidenunterwerfung im Osten ergeben sollten.[104]

Zurück zur Situation aus Sicht Konrads III. Dieser hatte dem Papst versprochen als Gegenleistung für die von ihm ersehnte Kaiserkrönung ihm gegen die störrischen Römer und Sizilien zu helfen. Das erste Ansuchen Bernhards an Konrad am

---

[98] Dinzelbacher, Bernhard von Clairvaux, S. 290-293.
[99] Bernhardi, Konrad III., S. 523.
[100] Phillips, The Second Crusade, S. 86.
[101] Runciman, Geschichte der Kreuzzüge, S. 559.
[102] Phillips, Heiliger Krieg, S. 153.
[103] Froese, Wikinger, Germanen, Nordische Königreiche, S. 109-110.
[104] Dinzelbacher, Bernhard von Clairvaux, S. 304.

Kreuzzug teilzunehmen wurde letztlich abgelehnt. Trotz dieses Rückschlags ließ sich Bernhard auch wegen des Zuspruchs der deutschen Bischöfe nicht entmutigen. Zunehmend schaffte es er die einfachen Leute für den Kreuzzug zu gewinnen, die zu jener Zeit anscheinend durch eine Hungersnot gequält wurden. So willigte der König ein beim Reichstag zu Speyer, in der Weihnachtszeit 1146, nochmals mit Bernhard zusammenzutreffen.[105]

Konrad war selbst schon einmal im Heiligen Land unterwegs, etwa um 1124/25. Eine Teilnahme am Kreuzzug wurde durch innere Probleme in seinem Reich erschwert. Mehrere Konflikte erschwerten seine Lage zu jener Zeit, so ist es durchaus verständlich, dass Konrad versuchte die Autorität Bernhards von Clairvaux zu nutzen, um einige der Konflikte beilegen zu können.[106] Formell gesehen muss man ebenfalls festhalten, dass für die Dauer des später erfolgten Kreuzzuges der verkündete Reichsfriede prinzipiell einzuhalten war, doch nur darauf wollte sich Konrad anscheinend (schon vorausschauend) nicht verlassen.[107]

Zur Weihnachtszeit 1146 empfing Konrad die Nachricht, dass sich Welf VI. von Bayern für den Kreuzzug verpflichtet hatte. Welf, der davor einer der hartnäckigsten Widersacher Konrads war, konnte somit nicht im Reich zurückbleiben und eine etwaige Abwesenheit des Königs zu seinem Vorteil ausnutzen.[108] In der Folge kehrte Welf VI. aber schon Ende 1148 über Sizilien zurück (also vor Konrad) und wurde von Roger II. zur Fortführung der Fehde mit Konrad angestachelt, aber im Februar 1150 erlitt Welf bei Flochberg eine Niederlage gegen Konrads Sohn Heinrich (VI.).[109]

Bernhard erwies sich zudem als äußerst hartnäckig und als er sich in einer Predigt im Zuge des Hoftages zur Weihnachtszeit 1146 in Speyer direkt an den König wandte, gab dieser nach. Der Papst war um die beschlossene Teilnahme der Deutschen am Kreuzzug nicht erfreut, die Möglichkeit etwas daran zu ändern hatte Eugen III. nicht.[110] Man muss anmerken, dass Bernhard mit seiner Predigt Konrad in gewisser Weise in die Ecke getrieben haben kann, dessen Ansuchen vor einem großen Publikum abzulehnen hätte dem Ansehen des Königs sicherlich geschadet. Es ist anzunehmen, dass Konrad aber bereits vor der Predigt

---

[105] Runciman, Geschichte der Kreuzzüge, S. 559.
[106] Phillips, Heiliger Krieg, S. 149.
[107] Engels, Die Staufer, S. 39-40.
[108] Phillips, Heiliger Krieg, S. 150.
[109] Görich, Die Staufer, S. 36.
[110] Runciman, Geschichte der Kreuzzüge, S. 560-561.

erkannt haben dürfte, dass es ihm kaum möglich sein würde eine Kreuzzugsteilnahme zu verweigern.[111] Außerdem ging es Konrad vielleicht auch darum dem französischen König das Kreuzzugsunternehmen nicht alleine zu überlassen, er wollte das Unternehmen gegebenenfalls in seinem, im Zeichen des künftigen Kaisers, führen.[112]

Das Leben des berühmten Kirchenmannes Bernhard von Clairvaux endete am 20. August 1153. Bernhard hatte sich mit Leib und Seele für das hingegeben, was er für die Anliegen Gottes erachtete. Seine Leistungen für den Zisterzienserorden sind außerordentlich bemerkenswert. 1153 saßen auf zehn französischen Bischofsthronen Zisterzienser, die meisten aus Clairvaux, fünf weitere waren Kardinäle. Insgesamt siebzig Mönche bekleideten das Amt eines Abtes.[113]

Außerhalb der Kirche konnte auch durch Laientätigkeit eine Begeisterung für den Kreuzzug geweckt werden, eine Themenverbreitung wurde z.b. durch das Vortragen von Liedern ermöglicht. Solche Lieder wurden z.b. von höfischen Sängern, den Troubadouren, vorgetragen, wie das altfranzösische Lied „Ritter, die Verheißung ist groß".[114]

5. Die Unternehmung des Zweiten Kreuzzuges unter besonderer Berücksichtigung der Rolle König Konrads III.

5.1. Die Vorbereitungen für den Kreuzzug

Sowohl Konrad III. als auch der französische König wählten für ihre Heere den Landweg, um ins Heilige Land zu gelangen, was einem zunächst eher unverständlich erscheint. Der König von Sizilien hatte ihnen das Angebot gemacht ihre Heere auf dem Seeweg zu befördern. Konrad sah in ihm einen Feind, auf dessen Angebot er gerne verzichtete – Ludwig lehnte ebenfalls ab. Fachleute bezweifeln zudem, dass der sizilianische König im Stande gewesen sei zwei enorm große Kreuzzugsheere zu verschiffen.[115] Der Stauferexperte Schwarzmaier geht in einer These davon aus, dass Konrad durchaus daran gedacht haben soll Venedig und andere Hafenstädte für einen Seetransport einzuspannen. Doch in seinem Werk geht er, auf eine Quelle gestützt, von einer möglichen Heeresgröße von 70.000 Mann aus

[111] Phillips, Heiliger Krieg, S. 150.
[112] Schwarzmaier, Die Welt der Staufer, S. 72.
[113] Dinzelbacher, Bernhard von Clairvaux, S. 360-362.
[114] Asbridge, Die Kreuzzüge, S. 231.
[115] Runciman, Geschichte der Kreuzzüge, S. 562-563.

(man muss anmerken, dass selbst Experten keine exakten Zahlen nennen können). Deshalb vertritt er durchaus plausibel die Meinung der Transport mit Schiffen sei einfach zu teuer gewesen.[116] Dennoch kann man festhalten, dass die Zahl von 70.000 Kreuzzugsteilnehmern höchstwahrscheinlich zu hoch angesetzt ist. Die von manchen Experten (z.B. Runciman) vertretene Teilnehmerzahl von ca. 20.000 Mann erscheint dagegen realistischer. Zudem war es beim damaligen Stand der westlichen Schifffahrtstechnik wohl nicht möglich so viele Kreuzfahrer zu transportieren. Das Angebot Rogers II. die Truppen zu transportieren wurde wohl auch deshalb ausgeschlagen, weil es zu dieser Zeit ernste Rivalitäten zwischen Sizilien und Byzanz gab und man die Byzantiner durch solche Truppenbewegungen mit sizilischer Unterstützung nicht provozieren wollte, so eine Theorie von Thomas Asbridge. Eine gemeinsame Beratung der Deutschen und Franzosen hatte anscheinend schon im Vorfeld stattgefunden. Ludwig und Abgeordnete König Konrads III. trafen am 2. Februar 1147 in Chalons-sur-Marne in Anwesenheit Bernhards von Clairvaux zusammen und besprachen dort die jeweiligen Vorbereitungen. Die finanziellen Kosten für den Kreuzzug dürfen nicht vernachlässigt werden. Sogar für die Könige Konrad und Ludwig war ihr Anteil an der Kreuzzugsfinanzierung eine ernstzunehmende Belastung.[117] Bereits 1146 soll Ludwig VII. die Erhebung einer Abgabe angeordnet haben, die der Finanzierung des Kreuzzugsunternehmens dienen sollte. Viele Kreuzfahrer mussten ihren Besitz verpfänden und Land verkaufen, um die Reise ins Heilige Land zu finanzieren. Häufig gewährte die Kirche ab Mitte des 12. Jh. eingeschränkte Ablässe für finanzielle Unterstützung für die Kreuzfahrer. Zunehmend ermunterten Geistliche die wohlhabenderen Menschen in ihren Testamenten auch das Heilige Land zu bedenken.[118] Erwähnenswert ist zudem, dass die Kreuzfahrer statt Geld häufig wertvolle Gegenstände mitnahmen, um sie während der Heerfahrt beispielsweise gegen Lebensmittel usw. eintauschen zu können. Einige Kreuzfahrer versuchten ihre Reise auch dadurch zu finanzieren, in dem sie die jüdischen Einwohner ausplünderten und bestahlen.[119]

Bemerkenswert ist auch, dass es anscheinend durchaus üblich war, dass sich auch aus prominenten Familien teilweise gleich mehrere Familienmitglieder für den Kreuzzug verpflichteten. Diese Gegebenheit tritt der Ansicht entgegen, die

---

[116] Schwarzmaier, Die Welt der Staufer, S. 75.
[117] Asbridge, Die Kreuzzüge, S. 235-237.
[118] Riley-Smith, Wozu heilige Kriege, S. 75-77.
[119] Phillips, The Second Crusade, S. 106-108.

Kreuzfahrer seien nur jüngere, besitzlose Söhne gewesen.[120] An Kreuzzügen teilzunehmen scheint in manchen Familien regelrecht zu einer „Tradition" geworden zu sein.

Während den Vorbereitungen zum Kreuzzug verstarb der Bruder König Konrads, Herzog Friedrich II. von Schwaben, im April 1147 in Alzey. Vor seinem Tod war Friedrich II. durchaus zornig auf seinen königlichen Bruder, weil dieser sich auch für die Teilnahme seines Neffen Friedrichs ausgesprochen hatte, was dessen Vater anscheinend verhindern wollte. Trotz des Todes seines Vaters hat Barbarossa aber letztlich am Kreuzzug teilgenommen.[121]

Die jeweiligen französischen und deutschen Kreuzfahrerheere wurden durch eine enorme Anzahl an Pilgern begleitet, diese konnten aber kaum etwas zu einer Erhöhung der Kampfkraft der Heere beitragen. Diese Teilnehmer hatten völlig unzureichende finanzielle Mittel zur Verfügung, um sich auf der langen Reise versorgen zu können. Während des Marsches fielen sie angeblich fast ausschließlich durch Disziplinlosigkeit auf und schnell breitete sich Not und Elend unter ihnen aus. Häufig behinderten sie die Kreuzfahrerheere bei ihren militärischen Unternehmungen.[122]

Während der Abwesenheit des deutschen Königs wurde der Erzbischof von Mainz zum Reichsverweser bestimmt. Erzbischof Heinrich wurde außerdem zum Vormund des Sohnes Konrads, Heinrichs (VI.), bestimmt.[123] Als Stellvertreter für den französischen König Ludwig VII. wurde auf Vorschlag Bernhards von Clairvaux hin der Abt von Saint-Denis, Suger, eingesetzt. Suger sollte sich durchaus als fähiger und loyaler Stellvertreter erweisen, man kann durchaus attestieren, dass Bernhard mit seinem Vorschlag einen passenden Kandidaten ausgewählt hat.[124]

An dieser Stelle sollen auch die vielen prominenten Teilnehmer in Konrads Kreuzfahrerheer erwähnt werden. Neben dem späteren Kaiser Friedrich Barbarossa nahm der Babenberger Heinrich teil, der Bruder Ottos von Freising, der auch am Kreuzzug teilnahm und zwischenzeitlich die Führung über einen Teil der in Anatolien geteilten Streitmacht übernehmen sollte. Konrad von Zähringen, Markgraf Hermann von Baden, die Grafen Rudolf von Pfullendorf und Ulrich von Lenzburg beteiligten sich ebenfalls. Landgraf Ludwig von Thüringen war unter den Kreuzfahrern, wie aus

---

[120] Phillips, Heiliger Krieg, S. 160.
[121] Schwarzmaier, Die Welt der Staufer, S. 73.
[122] Bernhardi, Konrad III., S. 597.
[123] Niederkorn, Regesta Imperii, S. 201.
[124] Dinzelbacher, Bernhard von Clairvaux, S. 299.

Bayern Pfalzgraf Otto von Wittelsbach und die Grafen von Andechs. Ein weiterer erwähnenswerter Geistlicher der teilnahm, war der Bischof Ortlieb von Basel.[125] Durchaus problematisch war es, dass die Teilnehmer am Kreuzzug sich einer gewissen Unabhängigkeit erfreuen konnten. Da die Kreuzzugsgelübde freiwillig abgelegt wurden, fühlten sich beispielsweise gewisse Adlige wenig an erlassene Befehle gebunden.[126]

5.2. Der Aufbruch zum Kreuzzug und dessen Verlauf bis zur Ankunft in Konstantinopel

Konrads Heer reiste Ende Mai 1147 von Regensburg aus Richtung Ungarn ab, die für Ostern vorgesehene Abreise hatte sich verzögert. Den ersehnten Segen vom Papst hat er auch nicht erhalten, da dieser anderen Verpflichtungen nachkam. Bis zur ungarischen Grenze wählte der König für sich selbst den Weg zu Wasser, dazu bestieg er in Regensburg ein geeignetes Schiff für diese Etappe der Reise.[127] Die Chronisten berichten, mehr als deutlich übertrieben, von einer Heeresstärke von einer Million Soldaten. Runciman schätzt die Zahl samt Pilgern auf zwanzigtausend. Innerhalb des Heeres von Konrad kam es unablässig zu Reibereien und Konflikten. Der über 50-jährige Konrad konnte diesen Konflikten nicht wirklich Einhalt gebieten. Trotz mancher Reibereien verlief der Heerzug durch Ungarn eigentlich problemlos. Byzantinische Gesandte trafen bald ein, um sich über Konrads Gesinnung Klarheit zu verschaffen. Konrad wurde von ihnen veranlasst einen „Nichtschädigungseid" gegenüber dem byzantinischen Kaiser zu schwören.[128]

Daraufhin halfen byzantinische Schiffe dem Heereszug bei der Übersetzung der Donau. Die Donauübersetzung erfolgte höchstwahrscheinlich am 20. Juli 1147. Vom Statthalter von Sofia wurde man mit Lebensmitteln versorgt. Bis zur Abreise aus Sofia hatte die Unternehmung Konrads gut funktioniert, danach fingen die Probleme an. Zwischen Philippopel und Adrianopel begannen Konrads Leute mit Plünderungen und töteten einige sich widersetzende Einwohner. Die einheimische Bevölkerung sah sich Raub und Mord ausgesetzt.[129] Um dem Treiben Einhalt zu gebieten, schickte Kaiser Manuel Truppen aus, um den Heerzug zu überwachen. Als ein deutscher Grundherr von einigen byzantinischen Fußsoldaten getötet wurde, ließ Konrads Neffe Friedrich ein Kloster in der Nähe des Tatortes niederbrennen, dessen

---

[125] Schwarzmaier, Die Welt der Staufer, S. 76.
[126] Riley-Smith, Wozu heilige Kriege, S. 119.
[127] Bernhardi, Konrad III., S. 598.
[128] Runciman, Geschichte der Kreuzzüge, S. 563.
[129] Wagner, Die Seuchen der Kreuzzüge, S. 189-190.

Bewohner wurden niedergemetzelt.[130] Als Gegenreaktion ermordeten Byzantiner regelmäßig betrunkene Nachzügler aus Konrads Heer. Der Mangel an Vorräten verschärfte sich weiter, bei den Einkäufen auf den byzantinischen Märkten kam es zu regelmäßigen Prügeleien. Die vielen hungernden Kreuzzugsteilnehmer waren in der Folge besonders von Krankheiten und Seuchen bedroht. Wenig später kam es zum nächsten Desaster. Als Konrads Heer bei Cheravas bzw. in der Ebene von Chöröbacchi lagerte, fielen viele Soldaten einer Überschwemmung zum Opfer, außerdem verlor das Heer einen wichtigen Teil des Feldlagers. Ein in der Nähe gelegener Fluss war davor durch heftige Regenfälle angeschwollen, diese Wetterlage wirkte sich sehr negativ auf den Zustand von Konrads Heer aus. Viele Teilnehmer verloren den Schutz ihrer Zelte, die bei schwierigen Wettersituationen natürlich enorm wichtig waren. Vielleicht noch schlimmer wirkten sich die Verluste der meisten Lebensmittel auf das ohnehin schon hungernde Kreuzfahrerheer aus. Zusätzlich kann das Wetter, das allem Anschein nach sehr feucht und zu dem warm war, für den Ausbruch ernster Krankheiten und Seuchen unter den Teilnehmern des Zuges gesorgt haben.[131] Die erwähnte Überschwemmung ereignete sich anscheinend am 7. September 1147, kurz bevor man Konstantinopel erreichen sollte.[132] Trotz dieser Zwischenfälle erreichte das Heer am 10. September Konstantinopel, das Heer Ludwigs VII. sollte einen Monat später folgen.[133] Ein zeitverzögerter Aufbruch der Franzosen fand wohl deshalb statt, weil man zwar die gleiche Route für beide Heere vorgesehen hatte, die örtlichen Ressourcen anscheinend nicht überbeanspruchen wollte.[134]

In der Beziehung Konrads zum byzantinischen Kaiser Manuel spielte das sogenannte „Zweikaiserproblem" eine Rolle, obwohl Konrad noch nicht Kaiser war. Bei diesem Problem geht es darum, dass sowohl der „ost- wie auch der weströmische" Kaiser den Imperatorentitel für sich beanspruchten und eine Unterordnung unter den jeweils anderen auf jeden Fall vermeiden wollten.[135] Auch in der Nähe von Konstantinopel erfolgten Übergriffe des Heeres von Konrad auf die einheimische Bevölkerung. Konrads Schwägerin, die Frau des Kaisers Manuel, konnte jedoch den Frieden zwischen der deutschen und byzantinischen

---

[130] Phillips, The Second Crusade, S. 171.
[131] Wagner, Die Seuchen der Kreuzzüge, S. 190-191.
[132] Phillips, The Second Crusade, S. 172.
[133] Runciman, Geschichte der Kreuzzüge, S. 565.
[134] Asbridge, Die Kreuzzüge, S. 239.
[135] Görich, Die Staufer, S. 34.

Seite wahren.[136] Vor der Heirat mit Kaiser Manuel musste Konrad seine Schwägerin Bertha von Sulzbach adoptieren, um sie für den „Ehehandel" mit Manuel aufzuwerten. Erwähnenswert ist auch ein wohl nicht gehaltenes Versprechen Konrads an Manuel, wonach er ihm 2000-3000 Ritter zur Verfügung stellen wollte, um die Insel Korfu gegen die Sizilianer zu verteidigen.[137] Das Versprechen der Truppenunterstützung erfolgte wohl schon im Frühjahr 1145.[138]

5.3. Die Übersetzung des deutschen Kreuzfahrerheeres nach Kleinasien, die Niederlage bei Doryläon und die weiteren Ereignisse bis zur Ankunft im Heiligen Land

Der Kaiser stattete Konrad in weiterer Folge mit einigen Geschenken aus und dieser setzte wie von den Byzantinern erhofft mit seinem Heer nach Chalkedon über. Auf Konrads Bitte hin stellte Manuel ihm den Führer der Varägergarde zur Verfügung, um ihm als Wegführer durch Anatolien behilflich zu sein. Den ausdrücklichen Rat des Kaisers entlang der Meeresküste weiterzuziehen und nicht durchs das Innere Anatoliens sollte Konrad letztlich nicht befolgen.[139] Außerdem war ursprünglich wohl geplant, dass Konrad mit seiner Armee auf Ludwig VII. und seine Streitmacht warten sollte. Später soll Konrad zugegeben haben, dass es seiner Ungeduld geschuldet war, dass er anders gehandelt hat, um sich so schnell wie möglich mit den türkischen Feinden anzulegen.[140] Am 15. Oktober 1147 trat Konrads Heer den Marsch von Nikäa aus an. Konrad teilte die Nichtkämpfenden vom Haupteer ab und beschloss mit seiner Streitmacht auf derselben Route des Ersten Kreuzzuges durchs Innere Anatoliens zu ziehen – eine Entscheidung mit ernsten Folgen. Solange sie sich noch auf byzantinischem Gebiet befanden wurden die Kreuzfahrer mit keinen ernstzunehmenden Problemen konfrontiert, doch verabsäumte man es sich für den Marsch durch türkisches Gebiet ausreichend vorzubereiten. Besonders zu erwähnen ist vor allem die mangelnde Trinkwasserversorgung.[141] Die Abtrennung vor allem der nicht kämpfenden Pilger vom Haupteer und ihre Unterstellung unter das Kommando von Otto von Freising war eine durchaus berechtigte Idee, konnte laut Bernhardi jedoch nicht völlig ausreichend umgesetzt werden. Diese Heeresabteilung sollte anders als Konrads Heeresteil entlang der türkischen Küste

---

[136] Runciman, Geschichte der Kreuzzüge, S. 571.
[137] Friedmann, Bertha in Byzanz, S. 187.
[138] Niederkorn, Regesta Imperii, S. 144.
[139] Runciman, Geschichte der Kreuzzüge, S. 571.
[140] Phillips, Heiliger Krieg, S. 163.
[141] Runciman, Geschichte der Kreuzzüge, S. 572.

weiterziehen. Im Endeffekt ereilte Ottos Heeresabteilung ein keineswegs weniger schlimmes Schicksal als Konrads. Die „Ungläubigen" setzten den Pilgern und Kriegern unter Ottos Führung so sehr zu, dass sich dieser Teil des Heeres am Ende auflöste, Otto konnte sein eigenes Leben aber retten.[142]

Weitere Faktoren können für die ernstzunehmende Schwächung von Konrads Streitmacht eine Rolle gespielt haben. Weil der Monarch die Länge der durchschnittlichen Tagesmärsche völlig überschätzte, hatte das Heer beispielsweise viel zu wenige Vorräte mitgenommen. Die Nahrungsmittel reichten dem Anschein nach nur für etwa zehn Tage. Außerdem findet man in verschiedenen Berichten immer wieder die Äußerung, die byzantinischen Wegführer hätten die Kreuzfahrer mit Absicht falsch geführt und immer wieder in Fallen gelockt.[143] Als es im Kampf gegen die Türken immer ernster werden sollte und es sich zeigte, dass der Vormarsch viel problematischer war als erwartet, sollen die byzantinischen Wegführer geflüchtet sein.[144] Ebenfalls problematisch war es, dass die Marschkolonne immer wieder von berittenen, türkischen Bogenschützen angegriffen wurde, die sich darauf rasch wieder zurückzogen.[145]

In der Nähe von Doryläon wurde es dann endgültig ernst. Konrads Heer wurde von der Streitmacht der Seldschuken angegriffen. Die erschöpften und überrumpelten Truppen Konrads wurden von diesem Angriff hart getroffen. Die Seldschuken richteten ein wahres Gemetzel an, Konrad bemühte sich sein Heer zu sammeln, aber vergebens. So blieb dem König nichts anderes übrig als zu flüchten, um sein eigenes Leben zu retten. Allein durch diese Schlacht und ihre Folgewirkungen soll Konrad 90 Prozent seines Heers verloren haben.[146] Die Zahl erscheint sehr hoch gegriffen, bedenken muss man dabei, dass viele Soldaten nicht sofort getötet wurden, sondern ebenfalls an Verwundungen, Krankheiten, Hunger und zu wenig Wasser starben. Nicht zu vergessen ist die Tatsache, dass viele Soldaten sicherlich auch desertiert sind, um in ihre Heimat zurückzukehren.[147] Zudem wurde Konrad in dieser Schlacht anscheinend selbst verwundet. Goez stützt sich auf die Aussage eines Kreuzfahrers, wonach Konrad von mindestens zwei Pfeilen schwer verwundet worden sein soll.[148]

Bei der Quelle handelt es sich höchstwahrscheinlich um eine

---

[142] Bernhardi, Konrad III., S. 627-628 und S. 651-653.
[143] Phillips, Heiliger Krieg, S. 163.
[144] Bernhardi, Konrad III., S. 631.
[145] Görich, Die Staufer, S. 34.
[146] Runciman, Geschichte der Kreuzzüge, S. 572.
[147] Asbridge, Die Kreuzzüge, S. 241.
[148] Goez, Lebensbilder aus dem Mittelalter, S. 280.

Aussage Odos von Deuil.[149] Unter Konrads Truppen wurden hauptmäßig die Fußsoldaten getötet, während die gepanzerten Reiter nur wenige Verluste zu beklagen hatten. Die fliehenden Männer Konrads waren zu Fuß natürlich viel langsamer als die berittenen Kräfte und fielen dem Feind so als erstes zum Opfer. Eine militärische Unzulänglichkeit in Konrads Streitmacht war wahrscheinlich auch dadurch gegeben, dass sie über zu wenige Fernkampfeinheiten verfügte, die gegen berittene Bogenschützen wichtig hätten sein können.[150]

Dass Kaiser Manuel im Vorfeld einen zwölfjährigen Waffenstillstand mit dem Seldschukensultan von Ikonium unterzeichnet hatte, erzürnte die deutschen Kreuzfahrer und sollte nun zu den übelsten Verdächtigungen führen, aber wie erwähnt hatte Manuel Konrad ja dringlichst gemahnt nicht durchs seldschukische Kernland zu ziehen.[151] Die Türken verfolgten Konrads Kreuzfahrerheer mit erbarmungsloser Härte, erst als die Deutschen griechisches Gebiet erreicht hatten, machten sie kehrt.[152] Bei Nikäa traf Konrad III. daraufhin mit dem Heer Ludwigs VII. zusammen, gemeinsam wollte man nun entlang der Küste weiterziehen. Als sie nach Ephesos kamen war Konrads Gesundheit jedoch so angeschlagen, dass er nicht mehr weiterziehen konnte. Er musste nach Konstantinopel zurückkehren, wo sich Kaiser Manuel persönlich um ihn gekümmert haben soll. In Konstantinopel verweilte er schließlich bis März 1148, danach wurde Konrad mit seinem Hofstaat von einer byzantinischen Flotte nach Palästina gebracht.[153] Bei Konrads Krankheit könnte es sich heutigen Experten zu Folge um „Malaria Tertiana" gehandelt haben, deren These leitet sich von Beschreibungen in den schriftlichen Quellen ab.[154] Die Byzantiner halfen Konrad und seinen Leuten nicht nur bei der Überfahrt ins Heilige Land. Da der Bereich um Edessa vor allem aus ihrer Sicht zum byzantinischen Reich gehörte, hatten auch sie ein Interesse an der Rückeroberung Edessas. Kaiser Manuel konnte Konrad zwar kein größeres Heeresaufgebot überlassen, da er sich Auseinandersetzungen mit Roger II. von Sizilien widmen musste, aber er überließ ihm 2000 Pferdegeschirre (vielleicht ein Hinweis auf die noch übrig gebliebene Truppenzahl in Konrads Streitmacht) und eine sehr große Geldsumme, um im Heiligen Land eine neue Armee aufstellen zu können, die im Wesentlichen aus Pilgern im Heiligen Land zusammengesetzt hätte werden sollen. Das neu

---

[149] Niederkorn, Regesta Imperii, S. 221.
[150] Wagner, Die Seuchen der Kreuzzüge, S. 192-193.
[151] Phillips, Heiliger Krieg, S. 163-164.
[152] Bernhardi, Konrad III., S. 638.
[153] Runciman, Geschichte der Kreuzzüge, S. 573-575.
[154] Wagner, Die Seuchen der Kreuzzüge, S. 193.

angeworbene Heer bestand letztlich aus Leuten unterschiedlichster Herkunft und war zudem ein auf Zeit angeworbenes Söldnerheer.[155]

Der weitere Vormarsch der Franzosen verlief ebenfalls alles andere als reibungslos. Die Türken setzten ihnen zu und nutzten jede Gelegenheit, um das Kreuzfahrerheer zu dezimieren.[156]

5.4. Die Ankunft der Kreuzfahrer im Heiligen Land und die Entscheidung für ein neues Kreuzzugsziel

Im April 1148 landete Konrad mit seinen Fürsten in Akkon, anschließend wurden sie in Jerusalem herzlich empfangen. Als endlich alle übriggebliebenen Kreuzfahrer in Palästina eingetroffen waren, wurden sie von Königin Melisende und König Balduin III. von Jerusalem zu einer Ratstagung nach Akkon, die am 24. Juni 1148 erfolgte, geladen.[157] Obwohl Ludwig und Konrad nun beide in der Levante angekommen waren ist die Frage berechtigt, ob die geschwächten Heere überhaupt noch etwas Greifbares erreichen konnten.[158] Bei der Ratstagung war König Konrad III. mit seinen wichtigsten Fürsten und Beratern mit dabei, letztlich wurde beschlossen mit einer großen Streitmacht Damaskus anzugreifen, das kurioserweise in der Vergangenheit häufig mit Jerusalem verbündet gewesen war. Zwar war die strategische Lage von Damaskus hervorragend und es versprach den Kreuzfahrern reiche Beute, trotzdem sieht z.B. Runciman diesen Beschluss als töricht an. Erwähnen muss man ebenfalls die Rolle der Barone Jerusalems. Diese gelüstete es nach erhofften Landgewinnen durch die Einnahme von Damaskus und dessen Umland.[159] Im Frühjahr 1140 hatte Damaskus noch beschlossen den König von Jerusalem und sein Heer zur Hilfe zu rufen, um die Stadt vor dem Angriff Zengis zu retten.[160]

Im Frühjahr 1148 war das Verhältnis von Jerusalem zu Damaskus aber durch einen Feldzug der Christen 1147 in den Hauran belastet. Balduin III. wollte die damals erlittene Niederlage höchstwahrscheinlich vergessen machen.[161] Zu Beginn des Jahres 1147 hatte sich Altuntasch, ein Unterführer Unurs von Damaskus, als von diesem unabhängig erklärt und ersuchte Jerusalem um militärische Unterstützung. Altuntasch zu unterstützen hieß für die Anführer

---

[155] Hiestand, „Kaiser" Konrad III., S. 87 und S. 94-97.
[156] Phillips, Heiliger Krieg, S. 165-166.
[157] Runciman, Geschichte der Kreuzzüge, S. 583-584.
[158] Asbridge, Die Kreuzzüge, S. 243.
[159] Runciman, Geschichte der Kreuzzüge, S. 585.
[160] Maalouf, Der Heilige Krieg der Barbaren, S. 145.
[161] Hiestand, „Kaiser" Konrad III., S. 91.

Jerusalems natürlich mit Damaskus zu brechen. Da der Feldzug reiche Beute versprach entschied man sich dafür Altuntasch zu unterstützen. Das fränkische Heer brach mit König Balduin III. an der Spitze im Mai 1147 auf. Mittlerweile hatte Unur in seiner brenzligen Situation Nur ed-Din um Hilfe gebeten, die dieser sofort bereitwillig gewährte. Dadurch wurde die Aussicht auf Erfolg für das fränkische Heer zunichte gemacht, es blieb nur mehr der Rückzug. Den nachsetzenden Muslimen fielen dabei viele Nachzügler zum Opfer.[162]

Konrad hatte vor der Abreise von Konstantinopel ins Heilige Land sicher noch den Plan Edessa zurückzuerobern, den er nach der Ankunft dort jedoch bald aufgeben sollte. Die Taktik der Einheimischen gilt es näher zu beleuchten. Durch zunächst getrennte Verhandlungen hatten die Entscheidungsträger Jerusalems erreicht zunächst Konrad auf ihre Seite zu bringen und dann auch den französischen König. Vor allem verhinderten sie so, dass sich die beiden Könige über ein weiteres gemeinsames Vorgehen vorab näher abstimmen konnten. Außerdem muss man erwähnen, dass Konrads Heer so geschwächt war, dass eine eigenständige Kreuzzugsunternehmung ohne die Hilfe Jerusalems wohl nicht möglich gewesen wäre, womit vorab ein möglicher Grund für das neue Kreuzzugsziel gegeben war, da Jerusalem an einer Rückeroberung Edessas nun nicht mehr wirklich interessiert war.[163] Der Mittelalter-Historiker Peter Thorau sieht die Entscheidung für Damaskus als Kreuzzugsziel als kurzsichtig und unbedacht an. Er vertritt die Meinung, dass Aleppo ein passenderes Kreuzzugsziel abgegeben hätte.[164] Das mögliche Kreuzzugsziel Edessa, das ursprünglich wohl das favorisierte Kreuzzugsziel gewesen ist, war durch die Kämpfe in der unmittelbaren Vergangenheit zu großen Teilen zerstört worden, ein Großteil der Bevölkerung war getötet worden. Wichtig war anscheinend, dass die Kreuzfahrer in Edessa kein lohnenswertes Ziel mehr erblickten. Außerdem waren viele der Meinung, dass nur Raimund von Antiochia von der Eroberung Edessas profitiert hätte, eine Eroberung des reichen Damaskus versprach dagegen große Reichtümer und Ansehen für alle.[165]

In der unmittelbaren Vergangenheit hatte sich Damaskus zu einem bedrohlichen Nachbarn Jerusalems emporgearbeitet, daher war die Überlegung Damaskus auszuschalten und zu erobern, um die christliche Macht im Heiligen Land mehren zu können, vielleicht gar nicht unvernünftig.[166]

---

[162] Runciman, Geschichte der Kreuzzüge, S. 545-547.
[163] Hiestand, „Kaiser" Konrad III., S. 90 und S. 95.
[164] Thorau, Die Kreuzzüge, S. 89.
[165] Phillips, Heiliger Krieg, S. 168.

5.5. Der Kriegszug gegen Damaskus

Dass die Kreuzfahrer auf die nordsyrischen Pläne verzichteten hatte aber zur Folge, dass nur die Kräfte Jerusalems den Kriegszug gegen Damaskus unterstützten, jene von Antiochia und Tripolis jedoch nicht.[167]

Die christlichen Streitkräfte versammelten sich in der Nähe der Stadt Tiberias in der Zeit der dritten Juliwoche 1148. Um das Vertrauen der Truppen zu steigern wurde die kostbarste Reliquie Jerusalems, das Heilige Kreuz, beim Vormarsch vorausgetragen.[168] Die Streitmacht marschierte von Tiberias nach Banjas, anschließend über den Berg Libanon und dann direkt nach Damaskus. Damaskus liegt auf einer Ebene, im Norden davon befindet sich der Berg Kassioun, die Ebene selbst wird vom kleinen Fluss Barada durchquert.[169]

Dieser Feldzug hatte eine weitere Auswirkung, nämlich, dass man die Damaszener nun in die Arme Nur ed-Dins getrieben hatte, die diesen dringlichst um seine Hilfe baten. Der Stadtherr, Unur, hatte auch intensiv versucht die Verteidigungsanlagen zu verstärken. Um Verstärkung hatte er auch die näheren muslimischen Nachbarn von Damaskus gebeten. Im Gegensatz zu anderen Städten wie Antiochia oder Jerusalem verfügte Damaskus über keine mächtigen Befestigungsringe, zur Verteidigung hatte es „lediglich" eine nicht allzu hohe äußere Mauer und eine Art natürliche Verteidigungszone in Form von schwer zu durchdringenden Obstgärten.[170]

Eine Meile südwestlich von Damaskus, nahe dem Dorf Daria, bezog das Kreuzfahrerheer um den 23. Juli sein Lager. Durch künstliche Bewässerung war das dortige Terrain von Obstgärten geprägt und glich einem dichten Wald. Kombiniert durch gezielt errichtete Mauern konnten die Muslime diese Obstgärten als eine Art natürliche Verteidigungsbarriere gegen die Christen nutzen. Die Christen waren sich aber zunächst der Bedeutung dieser Stellung sehr wohl bewusst. Konnte man die Gärten einnehmen, war das Kreuzfahrerheer sowohl mit Nahrung wie auch mit Trinkwasser ausreichend für eine Belagerung versorgt. Am 24. Juli begann die Erstürmung der Gärten. Vor allem dem beherzten Vorgehen König Konrads und dem der ihm unterstellten Truppen war es zu verdanken, dass dieser

[166] Asbridge, Die Kreuzzüge, S. 256.
[167] Hiestand, „Kaiser" Konrad III., S. 92.
[168] Bernhardi, Konrad III., S. 664-665.
[169] Phillips, Heiliger Krieg, S. 170-171.
[170] Asbridge, Die Kreuzzüge, S. 256-257.

vorteilhafte Lagerplatz für die Kreuzfahrer errungen werden konnte. So schnell wie möglich machte man sich daran den Lagerplatz mit Verteidigungsanlagen abzusichern.[171] Bemerkenswert sind aber auch Berichte wonach der übermäßige Verzehr der Früchte des Obstgartens zu ernsten Durchfallerkrankungen unter den Soldaten geführt haben soll.[172] Mit großer Entschlossenheit schaffte es Konrad vorläufig sogar bis unmittelbar vor die Stadtmauern vorzudringen, was viele Stadtbewohner in Panik versetzte, doch trafen Truppen zur Verstärkung der damaszenischen Streitmacht ein, die man rechtzeitig um Hilfe gebeten hatte. Ein erster Gegenangriff der Muslime vertrieb die christlichen Kämpfer von den Stadtmauern.[173]

Den Überlegungen Wilhelm Bernhardis nach sollen in der Folge vor allem Teilnehmer des Königreiches Jerusalem mögliche Vorteile eines Belagerungsabbruches erörtert haben.[174] Durchaus plausibel scheint die Vermutung, dass Unur, der eigentliche Anführer von Damaskus, für einen Abbruch der Kampfhandlungen Tributzahlungen an Jerusalem versprochen haben könnte. Vermutet wird auch, dass Unur versuchte die einheimischen Kreuzfahrer zu verunsichern, in dem er ihnen in Nachrichten ein Szenario skizzierte, wonach sie nach Damaskus als nächste von den neueingetroffenen Kreuzfahrerheeren entmachtet würden.[175] Eine weitere Gegebenheit, die für Unmut zwischen den abendländischen und morgenländischen Kreuzzugsteilnehmern gesorgt haben könnte, war, dass die Könige Konrad und Ludwig die Stadt Damaskus nach einer eventuellen Eroberung wohl dem Herzog von Flandern überlassen wollten, was bei den einheimischen Kreuzfahrern für große Unzufriedenheit gesorgt haben dürfte.[176]

Um das Vorhaben eines Abbruches der Belagerung umsetzen zu können, griffen wahrscheinlich einige Entscheidungsträger Jerusalems zur Taktik Ludwig und Konrad die Verlegung des Lagerplatzes vorzuschlagen.[177] Im Vertrauen auf die Verbündeten scheinen die beiden Könige dem Vorgehen zugestimmt zu haben. Diese Entscheidung erwies sich als verhängnisvoller Fehler. Der neue Lagerplatz hatte keine Wasserversorgung und ausgerechnet von hier aus lag man dem

---

[171] Bernhardi, Konrad III., S. 665-666 und S. 670.
[172] Wagner, Die Seuchen der Kreuzzüge, S. 195.
[173] Runciman, Geschichte der Kreuzzüge, S. 586.
[174] Bernhardi, Konrad III., S. 672.
[175] Asbridge, Die Kreuzzüge, S. 257.
[176] Phillips, The Second Crusade, S. 222.
[177] Bernhardi, Konrad III., S. 673-674.

stärksten Verteidigungswall von Damaskus gegenüber. In der Folge witterten viele der Soldaten Verrat, vor allem der „einheimischen" Barone des christlichen Heeres. Dies schien für sie eine passende Erklärung für die immer fataleren Entscheidungen der Heerführer zu sein. Allein die Wahl des neuen Lagerplatzes schien die Einnahme von Damaskus unmöglich werden zu lassen. Während auf muslimischer Seite immer mehr Verstärkungstruppen eintrafen, auch das Heer von Nur ed-Din war nicht mehr weit entfernt, wurde die christliche Streitmacht immer weiter geschwächt.[178] Den viel besseren, früheren Lagerplatz konnte man nicht mehr zurückerringen, denn die Damaszener hatten diesen umgehend besetzt. Die Kraft ihn unter wohl enormen Verlusten wieder zu erobern konnte das Heer nicht mehr aufbringen.[179] Die Führer des Kreuzfahrerheeres verkannten die Situation anscheinend noch immer. Sie verhandelten wie man Damaskus nach der Eroberung aufteilen sollte, doch in der Zwischenzeit waren die Belagerer in gewisser Weise zu Belagerten geworden. Darauffolgend ersuchten die einheimischen Barone die Könige Konrad und Ludwig die Offensive aufzugeben, was diese überrumpelte und aufs Äußerste erzürnte, trotzdem befahlen sie tatsächlich den Rückzug, da ein anberaumter Kriegsrat der Deutschen und Franzosen dafür gestimmt hatte. Es gab jedoch einige wie den Bischof Gottfried von Langres, die dafür waren die Belagerung so lange wie möglich aufrecht zu erhalten.[180] Bereits am 28. Juli, wenige Tage nach Beginn der Belagerung von Damaskus, hatten die Kreuzfahrer aufgegeben und machten sich auf nach Galiläa zurückzukehren. König Konrad bemerkte später, dass die Kreuzfahrer sich nur unwillig nach der gescheiterten Belagerung zurückgezogen hätten. Dagegen äußerte Wilhelm von Tyrus, dass der Rückzug der Kreuzfahrer eher von Unordnung und Angst geprägt gewesen sei.[181] Die Bedingungen für die Belagerer waren davor enorm schlecht, wenn man alleine die Hitze, den Wasser- und Nahrungsmangel sowie die schlimmen Seuchen und Krankheiten innerhalb des Heeres bedenkt.[182]

Der Rückzug gestaltete sich als äußerst schwierig und unzählige Soldaten fielen den nachsetzenden Muslimen zum Opfer. Anfang August erreichte man Palästina. Die Bilanz der militärischen Unternehmung fiel katastrophal aus. Erreicht hatte man gar nichts, ganz im Gegenteil. Unzählige Soldaten fielen dem Kriegszug gegen

---

[178] Runciman, Geschichte der Kreuzzüge, S. 586-587.
[179] Bernhardi, Konrad III., S. 674.
[180] Bernhardi, Konrad III., S. 677.
[181] Asbridge, Die Kreuzzüge, S. 258.
[182] Wagner, Die Seuchen der Kreuzzüge, S. 196.

Damaskus zum Opfer, man büßte sehr viel an Kriegsmaterial ein und die Demütigung der Niederlage wog gewaltig. Sie wurde ja auch dadurch vermehrt, dass man bereits nach kürzester Zeit aufgegeben hatte, was jedem Außenstehenden, der über die genauen Verhältnisse für die Belagerer nicht vollständig unterrichtet war, jämmerlich vorgekommen sein muss.[183]

Konrad und Ludwig dachten zunächst noch daran einen besser organisierten und besser ausgerüsteten Feldzug gegen Askalon zu unternehmen, doch wurde der Plan letztlich verworfen.[184] Askalon hatte eine enorme geostrategische Bedeutung für die Verteidigung Ägyptens und war anscheinend der letzte verbliebene Levante-Hafen unter muslimischer Kontrolle.[185] Bernhardi geht davon aus, dass diese Idee, deren Umsetzung eine durchaus mögliche „Ehrenrettung" hätte liefern können, deshalb verworfen wurde, weil das Königreich Jerusalem nicht die vereinbarte Anzahl von Truppen bereitgestellt haben soll, um Askalon einnehmen zu können.[186] Es sollte letztlich noch bis 1153 dauern bis Askalon endlich erobert werden konnte. Die Eroberung wurde erst nach einer anscheinend sieben-monatigen Belagerung und Seeblockade von Askalon möglich. Die fehlende Unterstützung Jerusalems für eine etwaige Aktion gegen Askalon im Jahr 1148 erklärt sich vielleicht auch deshalb, weil zu dieser Zeit die Kreuzfahrer anscheinend keine ausreichend große Flotte zur Verfügung hatten, um eine Seeblockade gegen Askalon zu errichten.[187]

Durch den Kreuzzug war außerdem nichts geschehen was den Verlust Edessas rückgängig gemacht hätte. Graf Joscelin sah sich von allen Seiten von den Muslimen bedroht, letztlich erlitt er ein trauriges Schicksal und starb anscheinend geblendet in muslimischer Gefangenschaft. Die letzten Reste der lateinischen Grafschaft Edessa trat seine Gemahlin an die Byzantiner ab, dies verursachte eine Flüchtlingswelle der dort ansässigen Christen nach Antiochia. Das übergebene Gebiet konnten die Byzantiner in der Folge nicht halten. Nach einem Sieg 1151 hatte Nur ed-Din den ehemaligen Kreuzfahrerstaat Edessa endgültig ausgelöscht.[188]

Konrad hielt nichts mehr in Palästina und bereits am 8. September 1148 schiffte er sich mit seinem Hofstaat Richtung Thessalonike ein.[189]

---

[183] Runciman, Geschichte der Kreuzzüge, S. 588.
[184] Asbridge, Die Kreuzzüge, S. 258.
[185] Hoch, The Crusaders' Strategy Against Fatimid Ascalon, S. 121.
[186] Bernhardi, Konrad III., S. 679.
[187] Hoch, The Crusaders' Strategy Against Fatimid Ascalon, S. 119 und S. 123-124.
[188] Asbridge, Die Kreuzzüge, S. 259-260.
[189] Runciman, Geschichte der Kreuzzüge, S. 589.

5.6. Die möglichen Gründe für das Scheitern des Zweiten Kreuzzuges und einige der daraus resultierenden Folgewirkungen

Als die Könige Konrad und Ludwig 1149 heimgekehrt waren, war der Misserfolg des Kreuzzuges für jedermann ersichtlich. Nun richtete sich teilweise auch harsche Kritik an diejenigen, die für den Aufruf zur Kreuzfahrt verantwortlich waren bzw. die Kreuzzugspredigten gehalten hatten. Bernhard von Clairvaux wurde ebenfalls von einigen Kritikern angegriffen, die ihm Betrug und Heuchelei bei seinen Kreuzzugspredigten vorwarfen. Unter seinen (wahrscheinlich nicht so energischen) Kritikern fand sich z.b. auch ein prominenter Teilnehmer des Kreuzzuges, Otto von Freising. In einer heute nicht mehr erhaltenen Predigt soll Bernard darauf reagiert haben und mögliche Gründe für ein Scheitern des Kreuzzuges genannt haben: „ ... weil sie mehr auf ihre Kräfte vertrauten als auf Gottes Hilfe, und Gott jeden Stolzen zerbricht." Die Argumentation des Abtes, dass die Gefallenen wenigstens Ablass für ihre Sünden erhalten hätten, konnte die Laien kaum mehr überzeugen. Für sie wäre eines wichtiger gewesen, nämlich ein irdischer Erfolg ihres Kriegszuges.

Die eigentliche Ernüchterung Bernhards über das Scheitern des Kreuzzuges kommt in einer Passage seines Werkes „De Consideratione" zum Ausdruck: „ ... die Söhne der Kirche und Träger des Christennamens blieben in der Wüste liegen, entweder vom Schwert erschlagen oder vor Hunger verschmachtet! Der Herr goss über die Anführer Zwietracht aus, ließ sie umherirren in unwegsamen Gelände ohne Pfad."[190]

Als nächstes gilt es noch einmal die Rollen Konrads und Ludwigs VII. zu überprüfen. Die Kritik an ihrer Wahl der Route wurde bereits relativiert, die Nutzung des Seeweges, so argumentiert die Mehrheit der Fachleute, sei einfach zu teuer gewesen. Ein Vorwurf an Konrad III. betraf die Tatsache, dass er nicht auf Ludwigs Armee gewartet hatte, um durch Anatolien zu ziehen. Zwar soll Konrad diesen Sachverhalt zugegeben haben, ob die Verluste der Kreuzfahrer in Anatolien deshalb wesentlich geringer ausgefallen wären, bleibt Spekulation. Gegebenenfalls könnte man eine Kritik sowohl an Konrad wie auch an Ludwig so formulieren, dass sie die Niederlagen von christlichen Heeresabteilungen (zugegeben mit einem hohen Pilgeranteil) gegen die Seldschuken seit dem Ersten Kreuzzug nicht ernst genug genommen haben bzw. sich nicht genug darüber informiert haben.

Einen viel konkreteren Punkt stellen die Angriffe Siziliens unter Roger II. auf das byzantinische Reich dar. Da sich Kaiser Manuel nicht in einen Zweifrontenkrieg

---

[190] Dinzelbacher, Bernhard von Clairvaux, S. 328-329 und S. 342.

gegen Sizilianer und Seldschuken stürzen wollte, handelte er mit dem Seldschukenfürsten von Ikonium einen Waffenstillstand aus. Es bleibt festzuhalten, dass es wohl die Angriffe Siziliens waren, die eine byzantinische Waffenhilfe für die Kreuzfahrer verhinderten und somit eine ernste Schwächung für das Unternehmen des Kreuzzuges verursachten.

Die erwartete Situation für die Kreuzfahrer im Heiligen Land stellte sich außerdem wohl anders als erwartet dar. Die übriggebliebenen Kreuzfahrerstaaten waren nicht schrecklich bedroht, wie die Aufrufspropaganda behauptet hatte. Die Wiederherstellung des Kreuzfahrerstaates Edessa interessierte die anderen Mächte im Heiligen Land nicht, sie verfolgten vorwiegend individuelle Interessen.[191] Letztlich beteiligten sich die Kräfte von Antiochia und Tripolis nicht an der Heerfahrt gegen Damaskus. Auf den wohl sehr wichtigen Umstand für das Scheitern des Kampfes gegen Damaskus, die katastrophale Entscheidung das Lager des Kreuzfahrerheeres zu verlegen, wurde schon vorher im Text genauer eingegangen. Ebenfalls ein möglicher Grund für das Scheitern des Zweiten Kreuzzuges war die Uneinigkeit zwischen den christlichen Kräften des Kreuzfahrerheeres, ob nun Differenzen der abendländischen mit den morgenländischen Militärs im Zuge des Angriffes auf Damaskus oder eben auch die Streitigkeiten in den Heeresabteilungen der Heere Konrads und Ludwigs.

Durch das klägliche Scheitern des Zweiten Kreuzzuges erfuhr die vorher aufgekommene Kreuzzugshysterie zunächst einen herben Dämpfer. Viele die diesen Unternehmungen vorher unkritisch gegenüberstanden, stellten nach diesem „Desaster" den Sinn von Kreuzzügen in Frage. Heute wissen wir natürlich, dass es trotzdem noch mehrere Kreuzzüge in den darauf folgenden Jahrzehnten geben sollte, doch die Organisation dieser wurde überdacht. Die vielen Pilger, die die Kreuzfahrerheere begleiteten, waren häufig eine „Belastung" für das Gelingen militärischer Operationen. Die Kirche versuchte viele von ihnen dazu zu bewegen für ihr Seelenheil beispielsweise zu spenden anstatt selbst ins Heilige Land zu ziehen. Änderungsversuche gab es auch bezüglich der Reiserouten ins Heilige Land. Vermehrt versuchte man, soweit dies für die jeweiligen Kreuzfahrerheere möglich war, den Seeweg zu nutzen, dass aber auch diese Route sehr gefährlich sein konnte, muss ebenfalls berücksichtigt werden. Die Folgen für den Anführer des deutschen Kreuzfahrerheeres, König Konrad III., werden im nächsten Kapitel näher

---

[191] Hiestand, „Kaiser" Konrad III., S. 122.

zu erörtern sein. Für die übriggebliebenen christlichen Staaten im Heiligen Land hatte der gescheiterte Kreuzzug zunächst einen weniger großen Schaden bewirkt, als viele erwartet hatten. Klar ist, dass der misslungene Kreuzzug Nur ed-Din sicherlich genutzt hat. Er konnte in der Folge seine Macht enorm ausbauen, Damaskus geriet letztlich unter seine Kontrolle.[192] Nach dem Zweiten Kreuzzug erhielten die Kreuzfahrerstaaten immer weniger militärische Hilfe aus dem christlichen Abendland, viele aus der Folgegeneration waren durch den gescheiterten Kreuzzug ihrer „Väter" zunächst abgeschreckt.

6. Die letzten Jahre im Leben König Konrads III.

Aus der Krise des Kreuzzuges sollten zwei Koalitionen erwachsen. Einerseits verbündete sich Kaiser Manuel I. im Vertrag von Saloniki mit König Konrad, um den Normannen unter Roger II. von Sizilien entgegenzuwirken. Andererseits brachte Roger ein Gegenbündnis mit der welfischen Opposition Konrads, Ludwig VII. von Frankreich und König Geza II. von Ungarn zu Stande. Eine große kriegerische Eskalation wurde wohl auch deshalb verhindert, weil sich Papst Eugen III. weigerte der vor allem gegen Byzanz gerichteten Koalition Rogers beizutreten.[193] Während seines neuerlichen Aufenthaltes in Konstantinopel könnte sich der Stauferherrscher wiederum von Krankheitssymptomen seiner Malariaerkrankung erholt haben, was seinen sehr langen Aufenthalt erklären würde.[194]

Erst im April 1149 verließ der König Konstantinopel. Anfang Mai traf er anscheinend bereits in Aquilea ein. Auf seinem Heimweg soll König Konrad III. auch die kärntnerischen Orte St. Veit, Feldkirchen und Friesach passiert haben. Von hier aus trat er die Weiterreise nach Salzburg und schließlich nach Regensburg an.[195] Zwischen August und Dezember 1149 (vielleicht sogar bis zum Frühjahr 1150)[196] scheint Konrad im mainfränkischen Gebiet mit dem Tode gerungen zu haben, einer der wenigen Zeiträume in seinem Leben, in dem er aufgrund schwerer Krankheit nicht wirklich aktiv werden konnte.[197] Bei der Krankheit Konrads handelte es sich sehr wahrscheinlich um einen Malariarückfall, der gerade für die „Malaria Tertiana" typisch wäre. Seit dem Kreuzzug litt Konrad an einer Form des Wechselfiebers. Die

[192] Phillips, The Second Crusade, S. 278.
[193] Jordan, Staufer und Kapetinger im 12. Jahrhundert, S. 142.
[194] Wagner, Die Seuchen der Kreuzzüge, S. 194.
[195] Bernhardi, Konrad III., S. 753 und S. 756-760.
[196] Niederkorn, Regesta Imperii, S. 264.
[197] Goez, Lebensbilder aus dem Mittelalter, S. 271.

Folgen dieses Rückfalles waren gravierend und er sollte sich Zeit seines Lebens nicht mehr von ihnen erholen und letztlich wohl daran sterben.[198] Der Konrad der Jahre von 1149-52 war eine andere Person als zuvor: enttäuscht vom kläglichen Ausgang des Kreuzzuges, verbittert durch den Tod seines ältesten, schon zum König gewählten Sohnes und gekennzeichnet durch immer schlimmer werdende Krankheit.[199] Im April 1146 war bereits seine Gemahlin Gertrud gestorben. Die verstorbene Königin wurde übrigens in der Kirche des Zisterzienserklosters Ebrach beigesetzt. Erwähnenswert ist, dass der genaue Todestag seines Sohnes Heinrich nicht überliefert ist. Es wird angenommen, dass der 13-jährige wohl im September des Jahres 1150 verstorben ist.[200]

Da ursprünglich geplant war Konrads Sohn Heinrich mit einer Nichte des byzantinischen Kaisers zu vermählen, überlegte der verwitwete Konrad (vielleicht im Zuge des Regensburger Reichstages von 1151) sich selbst als Bräutigam zur Verfügung zu stellen. Zu einer derartigen Hochzeit sollte es aber nicht kommen.[201] Der lange erhoffte Romzug Konrads sollte nicht mehr erfolgen, die Krönung zum Kaiser blieb dem Stauferkönig verwehrt. Obwohl ihm seine Zeitgenossen großteils attestierten sich mit größter Tapferkeit um seine Ziele bemüht zu haben, haftete ihm zumindest im Bezug auf den Kreuzzug ein Odium der Glücklosigkeit an. Trotzdem bleibt Konrad der erste deutsche König der Jerusalem betreten hat, er hat sich wie ja zuvor schon angedeutet wahrscheinlich sogar zweimal im Heiligen Land aufgehalten. Am 15. Februar 1152 endete schließlich das Leben des ersten Stauferkönigs der Geschichte. Konrad starb in Bamberg, wo er im Bamberger Dom neben dem Grab Kaiser Heinrich II. seine letzte Ruhestätte finden sollte. Nicht einmal einen Monat später traten die deutschen Fürsten am 4. März 1152 in Frankfurt zusammen, um einen neuen König zu wählen. Angeblich wurde einmütig Konrads Neffe, der 30-jährige Friedrich, zum neuen König erkoren. Es scheint, dass der sterbende Konrad ihm die Reichsinsignien übergeben hat.[202] Am 9. März wurde Barbarossa in Aachen bereits gekrönt, niemals zuvor im deutschen Hochmittelalter folgte die Krönung des Nachfolgers so schnell auf den Tod des

---

[198] Wagner, Die Seuchen der Kreuzzüge, S. 194.
[199] Geldner, Kaiserin Mathilde, S. 18.
[200] Niederkorn, Regesta Imperii, S. 164-165 und S. 298.
[201] Engels, Die Staufer, S. 46-47.
[202] Schwarzmaier, Die Welt der Staufer, S. 77-79.

Vorgänger-Königs. Dabei ist es erstaunlich, dass Barbarossa die 300 Kilometer Entfernung zwischen Wahl- und Krönungsort binnen kürzester Zeit zurücklegen konnte.[203]

Außerdem bestimmte Konrad ihn auf dem Sterbebett anscheinend zum Vormund für seinen verbliebenen, 8-jährigen Sohn Friedrich. Obwohl Konrad also einen lebenden Sohn hatte, scheint er wohl auch für Friedrich Barbarossa als Nachfolger gewesen zu sein. Interessant zu erwähnen ist noch, dass Konrad und sein nunmehriger Nachfolger vor dem Tod König Konrads anscheinend vereinbart hatten, dass Konrads Sohn Barbarossa als König nachfolgen sollte falls dieser kinderlos bliebe, dazu sollte es allerdings nicht kommen.[204] Folgen sollte aber die Verleihung des Herzogtums Schwaben an Konrads Sohn Friedrich, als Herzog ist er erstmalig für das Jahr 1153 belegt. Dieses Vorgehen könnte durchaus einen Teil der Vereinbarungen zwischen Konrad und seinem Neffen dargestellt haben.[205] Niederkorn erwähnt einen weiteren Grund warum Konrad Barbarossa als Nachfolger größere Chancen eingeräumt haben könnte. Dabei geht er davon aus, dass die Kirche die Wahl eines Kindes zum König im Falle einer Thronvakanz eher abgelehnt hätte, dagegen kam es öfter vor, dass während der Abwesenheit (z.B. wegen eines Feldzuges) eines Herrschers Kinder zum König gewählt wurden, wie z.B. Konrads Sohn Heinrich (VI.). In diesem Fall konnte man aber damit rechnen, dass der eigentliche Herrscher wieder zurückkommen würde. Zudem hält Niederkorn fest, dass mit der Wahl Barbarossas deutlich bessere Chancen gegeben waren eine Beilegung der Konfliktsituation (zumindest vorrübergehend) mit Heinrich dem Löwen zu erreichen.[206]

Konrads Sohn, der letzte Vertreter seiner direkten Nachfolgelinie, später unter dem Titel Friedrich IV. von Rothenburg bekannt, hatte in weiterer Folge keineswegs eine unbelastete Beziehung zu Barbarossa, dass es zu keinem gröberen Konflikt zwischen beiden gekommen ist, liegt auch daran, dass Friedrich IV. bereits 1167 verstorben ist.[207]

Wenn man abschließend ein kurzes Resümee über Konrads Herrschaft ziehen möchte bleibt festzuhalten, dass die Meinungen über König Konrad III. über Jahrhunderte hinweg eher negativ ausfielen. Selbst der Autor Wilhelm Bernhardi

---

[203] Goez, Von Bamberg nach Frankfurt und Aachen, S. 61 und S. 64.
[204] Schwarzmaier, Die Welt der Staufer, S. 79.
[205] Niederkorn, Regesta Imperii, S. 340.
[206] Niederkorn, Zu glatt und daher verdächtig, S. 7-8.
[207] Lubich, Beobachtungen zur Wahl Konrads III., S. 337.

resümierte noch über ihn, dass er im Großen und Ganzen als König gescheitert ist. Karel Hruza fasst es so zusammen, dass laut ihm Konrad am Ende des 19. Jahrhunderts als „Versager" hingestellt worden sei. Die gegenwärtige Forschung betrachtet nun auch die Rahmenbedingungen für Konrads Herrschaft, was dazu führt, dass der erste Stauferkönig zumindest als ein wichtiger Wegbereiter Kaiser Friedrichs I. erscheint. Aktuelle Stauferexperten gehen noch weiter und attestieren ihm, dass er in gewissen Bereichen eine durchaus erfolgreiche Politik betrieben habe.[208]

Zusammenfassung

Zum Abschluss meines Textes gilt es die Inhalte der vorliegenden Arbeit kompakt und informativ zusammenzufassen. Das Leben König Konrads III. wird in Gesamtüberblickswerken zu den Staufern häufig sehr kurz abgehandelt. In den vorhergehenden Kapiteln wurde aber deutlich wie bemerkenswert und interessant das Leben dieses Herrschers gewesen ist. Bereits vor seiner eigenen Königsherrschaft ab 1138 versuchte sich Konrad als Gegenkönig gegen Lothar III. durchzusetzen, letztlich blieb er dabei erfolglos. In seinen ersten Herrschaftsjahren musste sich Konrad vor allem dem Kampf gegen Heinrich den Stolzen und Welf VI. widmen, insgesamt konnte sich Konrad gegen die beiden durchsetzen, das Herzogtum Sachsen überließ er allerdings Heinrichs Sohn.

In der Folge der Rückeroberung Edessas durch die Muslime entschied sich Papst Eugen III. zum Kreuzzug aufzurufen, um die christlichen Herrschaften im Heiligen Land zu unterstützen. Da der Kreuzzugsprediger Bernhard von Clairvaux Konrad äußerst hartnäckig ersuchte am Kreuzzug teilzunehmen, nahm er letztlich das Kreuz. Festzuhalten bleibt, dass Konrad mit vollem Einsatz versucht hat für den Kreuzzug ein positives Endergebnis zu erreichen, wobei er seine eigene Gesundheit nicht geschont hat und auch sein Leben aufs Spiel setzte. Glücklosigkeit, die Uneinigkeit unter den christlichen Kräften im Kreuzfahrerheer, heftige Verluste gegen seldschukische Armeen in Kleinasien und der Zusammenhalt der Muslime, um Damaskus zu verteidigen, sind ein paar der Gründe warum die militärische Unternehmung des Kreuzzuges gescheitert ist.

---

[208] Niederkorn, Regesta Imperii, S. V.

Wichtig ist es Konrads Königsherrschaft nicht generell als gescheitert zu betrachten. Wenn man die Rahmenbedingungen seiner Herrschaft bedenkt, sind ihm auch mehrere Erfolge gelungen. Konrad schaffte es im Verwaltungsbereich seines Reiches Verbesserungen zu erzielen, er stärkte die Hausmacht der Staufer, vor allem die des Familienzweiges seines Bruders Friedrich, konnte sich gegen mächtige, innenpolitische Rivalen großteils durchsetzen und betrieb eine gut durchdachte Personalpolitik, um wichtige Ämter und Würden an Verwandte zu vergeben.

Eine Herrschaftsnachfolge durch einen seiner Söhne, ein erfolgreicher Ausgang des Kreuzzuges und die Kaiserkrönung blieben Konrad letztlich verwehrt. König Konrad III. hat jedoch als erster Staufer die römisch-deutsche Königswürde errungen, nahm als erster dieser Könige an einem Kreuzzug ins Heilige Land teil und bemühte sich bis zu seinem Tod intensiv darum seine Ziele zu erreichen. Er gilt zu Recht als wichtiger Wegbereiter für Kaiser Friedrich I. Barbarossa, war aber auch selbst in einigen Bereichen ein zumindest teilweise erfolgreicher Herrscher.

Literatur- und Quellenverzeichnis

Quellen:

Niederkorn, Jan Paul / Hruza, Karel (Bearb.): Regesta Imperii. IV., Ältere Staufer, Erste Abteilung: Die Regesten des Kaiserreiches unter Lothar III. und Konrad III. Zweiter Teil: Konrad III. 1138 (1093/94)-1152. Wien – Köln – Weimar 2008.

Literatur:

Asbridge, Thomas: Die Kreuzzüge. Aus dem Englischen von Susanne Held. Stuttgart ²2011.

Bernhardi, Wilhelm: Konrad III. Berlin, Neudruck der 1. Auflage von 1883, zweite, unveränderte Auflage 1975.

Bulst-Thiele, Marie Luise: The Influence of St. Bernard of Clairvaux on the Formation of the Order of the Knights Templar. In: Gervers, Michael (Hg.), The Second Crusade and the Cistercians. New York 1992, S. 57-66.

Dinzelbacher, Peter: Bernhard von Clairvaux. Leben und Werk des berühmten Zisterziensers. Darmstadt, 2., durchgesehene Auflage 2012.

Engels, Odilo: Die Staufer. Neunte, ergänzte Auflage. Mit Literaturnachträgen von Gerhard Lubich (= Kohlhammer Urban Taschenbücher 154). Stuttgart 2010.

Ferzoco, George: The Origin of the Second Crusade. In: Gervers, Michael (Hg.), The Second Crusade and the Cistercians. New York 1992, S. 91-100.

Friedmann, Jan: Bertha in Byzanz. Das schwierige Bündnis der Staufer mit Konstantinopel. In: Großbongardt, Annette / Pieper, Dietmar (Hgg.), Die Staufer und ihre Zeit. Leben im Hochmittelalter. München – Hamburg ²2010, S. 185-189.

Froese, Wolfgang: Wikinger, Germanen, Nordische Königreiche. Die Geschichte der Ostseestaaten. Hamburg 2008.

Geldner, Ferdinand: Kaiserin Mathilde, die deutsche Königswahl von 1125 und das Gegenkönigtum Konrads III. In: ZBLG 40 (1977) 1, S. 3-22.

Görich, Knut: Die Staufer. Herrscher und Reich (= Beck'sche Reihe 2393). München, 3., aktualisierte Auflage 2011.

Goez, Werner: Von Bamberg nach Frankfurt und Aachen. Barbarossas Weg zur Königskrone. In: Jahrbuch für fränkische Landesforschung 52 (1992), S. 61-71.

Goez, Werner: Lebensbilder aus dem Mittelalter. Die Zeit der Ottonen, Salier und Staufer. Darmstadt, Sonderausgabe (3., um ein Vorwort erweiterte Auflage) 2010.

Hiestand, Rudolf: „Kaiser" Konrad III., der zweite Kreuzzug und ein verlorenes Diplom für den Berg Thabor. In: Deutsches Archiv für Erforschung des Mittelalters 35 (1979), S. 82-126.

Hoch, Martin: The Crusaders' Strategy Against Fatimid Ascalon and the "Ascalon Project" of the Second Crusade. In: Gervers, Michael (Hg.), The Second Crusade and the Cistercians. New York 1992, S. 119-128.

Jehle, Manfred: Die Staufer. Herrscher einer glanzvollen Epoche. Köln 2010.

Jordan, Karl: Staufer und Kapetinger im 12. Jahrhundert. In: Francia Forschungen zur westeuropäischen Geschichte 2 (1974), S. 136-151.

Kaufhold, Martin: Die Kreuzzüge. Wiesbaden 2007.

Lubich, Gerhard: Beobachtungen zur Wahl Konrads III. und ihrem Umfeld. In: Historisches Jahrbuch 117 (1997), S. 311-339.

Maalouf, Amin: Der Heilige Krieg der Barbaren. Die Kreuzzüge aus der Sicht der Araber. Aus dem Französischen von Sigrid Kester (= dtv 34018). München, 6. Auflage 2010.

Niederkorn, Jan Paul: Konrad III. als Gegenkönig in Italien. In: Deutsches Archiv für Erforschung des Mittelalters 49 (1993), S. 589-600.

Niederkorn, Jan Paul: Zu glatt und daher verdächtig? Zur Glaubwürdigkeit der Schilderung der Wahl Friedrich Barbarossas (1152) durch Otto von Freising. In: MIÖG 115 (2007) 1-2, S. 1-9.

Pauler, Roland: War König Konrads III. Wahl irregulär? In: Deutsches Archiv für Erforschung des Mittelalters 52 (1996) 1, S. 135-159.

Phillips, Jonathan: Heiliger Krieg. Eine neue Geschichte der Kreuzzüge. Aus dem Englischen von Norbert Juraschitz. München 2011.

Phillips, Jonathan: The Second Crusade. Extending the frontiers of Christendom. New Haven – London 2007.

Riley-Smith, Jonathan: Wozu heilige Kriege? Anlässe und Motive der Kreuzzüge. Aus dem Englischen von Michael Müller (= Wagenbachs Taschenbuch 480). Berlin ²2005.

Runciman, Steven: Geschichte der Kreuzzüge. Aus dem Englischen von Peter de Mendelssohn (= dtv 30175). München, 6. Auflage 2012.

Schieffer, Rudolf: Heinrich der Löwe, Otto von Freising und Friedrich Barbarossa am Beginn der Geschichte Münchens. In: Hechberger, Werner / Schuller, Florian (Hgg.), Staufer & Welfen. Zwei rivalisierende Dynastien im Hochmittelalter. Regensburg 2009, S. 66-77.

Schneidmüller, Bernd: 1125 – Unruhe als politische Kraft im mittelalterlichen Reich. In: Hechberger, Werner / Schuller, Florian (Hgg.), Staufer & Welfen. Zwei rivalisierende Dynastien im Hochmittelalter. Regensburg 2009, S. 30-49.

Schwarzmaier, Hansmartin: Die Welt der Staufer. Wegstationen einer schwäbischen Königsdynastie (= Bibliothek Schwäbischer Geschichte 1). Leinfelden-Echterdingen 2009.

Thorau, Peter: Die Kreuzzüge (= Beck'sche Reihe 2338). München [4]2012.

Wagner, Thomas Gregor: Die Seuchen der Kreuzzüge. Krankheit und Krankenpflege auf den bewaffneten Pilgerfahrten ins Heilige Land (= Würzburger medizinhistorische Forschungen, Beiheft 7). Würzburg 2009.